Zu diesem Buch

In diesem Buch sind Stellungnahmen Horst Sterns zu den Themen zusammengefaßt, die ihm besonders am Herzen liegen, in denen sich seine Arbeit und seine Absichten während der letzten drei Jahre besonders scharf profilierten, so etwa die Entwicklung der Mensch-Tier-Beziehung, wie sie sich uns heute darstellt: polarisiert in den beiden großen Perversionen «Tiervermenschlichung» und «Tiervermassung». Von ähnlicher Wichtigkeit ist seine unter dem Aspekt des Muts zur Emotion geführte Auseinandersetzung mit den Machern einer einseitig technologisch fixierten Gesellschaft, die ihm neue Freunde und Feinde «in grünen Kreisen» brachte. An anderer Stelle beschäftigt er sich mit der Haltung von Wildtieren, der kommerziellen Zurschaustellung selten gewordener Greifvögel und gibt einen Einblick in seine Fernseharbeit.

Horst Stern: «Bemerkungen über Pferde»
rororo sachbuch 6841

Horst Stern: «Bemerkungen über Hunde»
rororo sachbuch 6855

Horst Stern: «Bemerkungen über Bienen»
rororo sachbuch 6881

Horst Stern

Mut zum Widerspruch

rororo
Rowohlt

Umschlagentwurf Manfred Waller
(Foto: W. Saller/ZEFA)

Veröffentlicht im Rowohlt Taschenbuch Verlag GmbH,
Reinbek bei Hamburg, September 1976

Satz Times (Linotron 505 C)
Gesamtherstellung Clausen & Bosse, Leck/Schleswig
Printed in Germany
380-ISBN 3 499 16974 6

Inhalt

Vorwort

Das Fernsehen zwischen 19 und 21 Uhr ist nicht der Ort des nuancierten Gedankens. Ich nahm deshalb gern einige Gelegenheiten wahr, in Zeitschriftenaufsätzen und Reden ein paar Dinge verdeutlichen zu können, an denen mir liegt. Dieses Buch versammelt das Wichtigste der Jahre 1973/74.

Es enthält Gedanken zur geschichtlichen Entwicklung der Mensch-Tier-Beziehung, wie sie sich uns heute darstellt: polarisiert in den beiden großen Perversionen Tiervermenschlichung und Tiervermassung und als identisches Schicksal von Mensch und Tier, denen neben der Darwinschen Stoffgleichheit auch noch die Identität der Wohnform in Gestalt der Batterie eignet. Die konkreten Inhalte dieser Rede, die ich zum 100jährigen Jubiläum der Zentralorganisation deutscher Tierärzte auf dem 11. Deutschen Tierärztetag in Berlin hielt, sind die Intensivhaltung der Nutztiere und die Verdrängungsfunktion der Heimtierhaltung.

Von ähnlicher Wichtigkeit für mich ist eine Dankadresse, die ich zur Verleihung des Bayerischen Naturschutzpreises 1973 in München hielt, und deren Überschrift einige Bekanntheit in grünen Kreisen erlangte: Mut zur Emotion. Ich setze mich darin mit den Machern einer einseitig technologisch fixierten Gesellschaft auseinander und versuche, der Diffamierung der menschlichen Emotion als eines unbrauchbaren Trägers von Problemlösungen entgegenzuwirken.

Ein Vortrag vor den Preisträgern des Wettbewerbs «Jugend forscht» in Paderborn erhebt die ketzerische Frage, was denn an den modernen Naturwissenschaften noch natürlich sei. Kritisch beleuchtet wird die zunehmende Spezialisierung der Wissenschaftler, die gemeinhin auf Kosten der Rezeption von einfachen Naturerscheinungen geht. Es entsteht das ganz und gar unnatürliche Bild von Menschen, die als Individuen von der Natur einer tiefen Ahnungslosigkeit gegenüber ihren Einzelphänomenen überführt werden, als Kollektiv aber ein Wissen angesammelt haben, das, im Wortsinn, an die Sterne stößt.

Die Ausdehnung eines modischen intellektuellen Spottes vom Schein der sogenannten «heilen Welt» auch auf die Begriffswirklichkeit, also auf die biologisch und moralisch heile Welt, ist ein weiteres

Redethema. Es diskutiert unter anderem die aufkommende Meinung, der Mensch sei vermutlich genetisch programmiert, sich und die Welt zu zerstören, als ein stark luxurierendes Mängelwesen, das der Erde aufgepfropft sei wie die Geweihveranlagung dem Hirsch: biologisch unsinnig und in der Hauptsache wohl gerichtet auf Kampf mit der eigenen Art.

Erwähnenswert scheint mir dann noch meine Rede vor dem Deutschen Naturschutztag 1974 in Berchtesgaden zu sein, in der ich mich mit dem verhängnisvollen Widerspruch zwischen den gesellschaftlichen Zielen Erholung einerseits und Naturschutz andererseits befasse. Es scheint so zu sein, daß der Naturschutz auf seiten der Politik nur noch als eine Funktion der Erholung gedacht werden kann. Das verdunkelt mehr und mehr die Einsicht, daß man zivilisationskranke Menschen nicht zur Regenerierung in eine gleich ihnen zivilisationskranke Natur entsenden kann, in der naiven Hoffnung, es könnten auf diese Weise beide aneinander genesen. Die Rede plädiert auf großräumige Schutzzonen, in denen sich Tiere und Pflanzen zu verjüngungstarken, ausbreitungsfähigen Populationen regenerieren können. Diese Rede setzt sich auch mit dem Vorwurf der Menschenfeindlichkeit auseinander, der den Befürwortern eines ökologischen Naturschutzes stets gemacht wird.

Die Bandbreite der Themen dieses Buches ist damit nicht erschöpft. Umstrittene Fragen der Haltung von Wildtieren, einheimischen und exotischen, in sogenannten Drive-in-Parks werden ebenso behandelt wie die kommerzielle Zurschaustellung selten gewordener Greifvögel in Falkenhöfen. Schließlich habe ich mich auch bemüht, meinem Fernsehpublikum einen kleinen Einblick zu geben in den Teil meiner Bildschirmarbeit, der den Sendungen vorausgeht. Berufliche, also journalistische Aspekte bedenkt auch die Rede, die ich vor der Universität Hohenheim anläßlich meiner Ehrenpromotion hielt. Sie geht den Wechselbeziehungen zwischen Wissenschaft und Journalismus nach, versucht eine Deutung des im ganzen unbefriedigenden Zustandes der veröffentlichten Wissenschaft und fragt nach der Lehrbarkeit des Journalistenberufes.

Ich knüpfe die Hoffnung an diesen Band, daß er mir trotz seines vom Verlag gewünschten markigen Äußeren behilflich ist, den mir anhängenden Ruf zu mildern, so etwas wie ein lodengrüner Mafioso zu sein. In diesem Band, endlich, darf gedacht werden. Sein Titel

«Mut zum Widerspruch» ist auch eine Einladung an den Leser – freilich nicht zum schriftlichen Dialog mit dem Verfasser. Ich bin ein Ein-Mann-Betrieb und habe schon längst den Antwort-Wettlauf mit meiner vielen Post verloren.

Juni 1974 Horst Stern

Tiere zwischen Vermenschlichung und Vermassung

Eine Rede über die Entwicklung der Tier-Mensch-Beziehung, gehalten vor dem 11. Deutschen Tierärztetag im April 1974 in Berlin.

Als die Vorstandschaft des 11. Deutschen Tierärztetages mir das Thema «Die Evolution der Tier-Mensch-Beziehung in den vergangenen hundert Jahren» stellte, muß sie wohl auch die Pünktlichkeit unseres Mittagessens im Sinn gehabt haben, kommt diese zeitliche Einengung des Themas doch einem Versuch gleich, einen Eisberg allein anhand seiner aus dem Wasser ragenden Spitze hinreichend beschreiben zu wollen.

Ginge ich um nur hundert Jahre zurück, so verfehlte ich mit Ausnahme der Herren Brehm und Grzimek so gut wie alle Menschheitslehrer, die die Tier-Mensch-Beziehung durchdacht, artikuliert und lehrend geprägt haben, Pythagoras etwa, den Schutzpatron aller Vegetarier, der die Tiere für beseelt hielt und darum die Menschen mahnte, sich tierischer Nahrung zu enthalten. Oder, ganz im Gegensatz dazu, die nacharistotelische Peripatos-Akademie und die Ältere Stoa, die beide tierische Nahrung für den Menschen – und als ihre Voraussetzung das Töten – rechtfertigten, indem sie den Tieren Vernunft absprachen und damit auch die Rechtsfähigkeit.

Die Beschränkung auf hundert Jahre unterschlüge auch die platonische Quelle der ambivalenten, manche sagen: der skandalösen Haltung, die die christliche Theologie dem Tier gegenüber seit alters her einnimmt. Der Religionsgeschichtler Ebermuth Rudolph wies darauf hin, daß schon die Priesterschrift des biblischen Buches Genesis für die Herrschaftsfunktion des Menschen über die Tiere die hebräische Vokabel *kib'schu* verwende, die aus der Sprache des Traubenkelterns stammt und *unter die Füße treten* bedeutet. Die auf Platon zurückgehende, von Augustin neu bekräftigte dogmatische Ansicht von der unsterblichen menschlichen Vernunftseele schloß die Tiere als nicht erleuchtet, das heißt: unfähig, Gottes Weisheit zu erkennen, von den Wohltaten der Christenpflichten aus. Das wirkt bis in unsere Gegenwart hinein. Als der *World Wildlife Fund* Paul VI. bat, die Stimme der

Kirche ex cathedra für die Tiere zu erheben, schickte der Vatikan einen Scheck. Immerhin: Der Gerechte erbarmte sich seines Viehs (ein Bibelzitat übrigens, das der einzige deutlich ausgesprochene Tierschutzgedanke der Heiligen Schrift ist, wenn man vom Ochsen absieht, dem man beim Dreschen nicht das Maul verbinden soll). Franz von Assisi war kaum mehr als ein Rudi Dutschke der Kirche, ein vom römischen Establishment für naiv angesehener Revoluzzer, der Unterprivilegierte zu vermenschlichen suchte.

Das alles, meine Damen und Herren, muß ich unserer Schildkrötensuppe von nachher opfern, das und noch etliches mehr: etwa den animalischen Automaten ohne Seele und Individualität, wie die kartesianische Maschinentheorie des Lebendigen das Tier deutete. In der Intensivhaltung unserer Nutztiere feiert dies mechanistische Tierbild heute, 300 Jahre später, kommerzielle Urständ. Spinoza dann, der dem Menschen folgerichtig zubilligte, mit dem vernunftlosen Rechtsobjekt Tier nach Gutdünken verfahren zu dürfen. Und schließlich Immanuel Kant, der das Tier endgültig den Sachen zuschlug.

Mit ihm bin ich meinem Thema immerhin auf 90 Jahre nahegekommen. Es ist Neuzeit längst, 1788, als Kant, der den anorganischen Kosmos streng naturgesetzlich erklärt hatte, alles Organische einer rationalkausalen Deutung autoritär entzieht und aus der Hand eines Denkgottes kommen läßt. Aber dann, nach einer Übergangszeit der romantischen Naturphilosophie, richtet sich riesengroß der Affe auf, wenn auch nur erst in Gestalt seines vorausgeworfenen Schattens. Der französische Zoologe Jean Lamarck stößt als erster den Menschen roh auf den peinlichen Verwandten. 1810 erklärt er alle Organismen für «wahre Naturerzeugnisse», die nacheinander und auseinander entstanden seien. Das Ergebnis davon: eine Affenart, die «bewogen durch das Bedürfnis zu herrschen und zugleich weit und breit zu sehen, sich bemühte, aufrecht zu stehen». Darin sei, so Lamarck, die eigentliche Geburt des Menschen zu sehen. Mit den Tieren war er nun stoffgleich, und Gott hatte, als erster Beweger, bestenfalls noch etwas mit den Amöben zu tun.

Der Galilei der Biologie, und mit ihm die Körperlichkeit des Affen, sollte indes erst noch kommen. Charles Darwin veröffentlichte 1859 seine Abstammungstheorie. Die unwissenschaftliche Lamarcksche These vom äffischen «Bedürfnis», zu herrschen, präzisierte er durch die Ansicht vom Gestalt- und Organwandel durch Anpassung an eine sich verändernde Umwelt, vom Überleben der aus dem Lebenskampf als optimal angepaßt hervorgehenden, die Anpassungsmerkmale vererbenden Individuen.

Das hatte schwerwiegende Folgen auch im Sinne unseres Themas, der modernen Tier-Mensch-Beziehung. Mit Darwin kam dem Menschen die gottgleiche Gelassenheit seiner Denk- und Verhaltensweisen den Tieren gegenüber abhanden. Seit er zwischen sich und seinem Schöpfer nicht mehr nur Adam und Eva und das Menschengeschlecht ihrer Kinder und Kindeskinder sieht, sondern das namenlose, das gallerte, das quallige, das beschuppte, befiederte, behaarte, beschwänzte und behufte Tierreich aus Millionen Jahren organischer Evolution, ist sein Umgang mit Tieren der eines haltlosen, zwischen den Extremen schwankenden Psychopathen. Niemals zuvor in geschichtlicher Zeit wurden so viele Tiere von so vielen Menschen so hysterisch gehätschelt, niemals zugleich aber auch so viele von so vielen so ausgebeutet, verfolgt und gequält. Der groteskesten Vermenschlichung und Individualisierung der Tiere steht fast übergangslos ihre makaberste Maschinisierung und Vermassung gegenüber. Im Niemandsland dazwischen moralisiert das Tierschutzgesetz – für die Vermenschlicher aus Mangel an Straftatbeständen nicht gedacht, für die Ausbeuter aus ökonomischen Zwängen nicht gemacht: ein Gesetz, heute noch, für eine Minderheit krimineller Tierquäler.

Das Jahr 1871 ist das Erlaßjahr der ersten Tierschutzbestimmungen im Strafgesetzbuch für das Deutsche Reich. Von nun an war mit Geldstrafe «bis zu funfzig Thalern» oder mit Haft zu bestrafen, wer «öffentlich oder in Aegerniss erregender Weise Thiere boshaft quält oder roh mißhandelt». Das bedeutete freilich erst einen ästhetischen Tierschutz, weil das Gesetz nicht die Tiere vor der Mißhandlung, sondern die Menschen davor schützte, das Ärgernis eines rohen Umgangs mit Tieren mitansehen zu müssen. Doch immerhin, es wedelte wenigstens der Schwanz eines ethischen Tierschutzes, der das Tier um seiner Selbst willen schützt, schon mit dem Schweinehund im Menschen.

Erst 1933 kam der ethische Tierschutz ins Gesetzbuch. Die ominöse Jahreszahl verpflichtet mich zu sagen, daß rechtsmateriell die deutsche Justiz die Nazis zur Novellierung der Tierschutzvorschrift von 1871 nicht gebraucht hatte; lange vorher schon hatten der Göttinger Strafrechtslehrer Robert von Hippel und andere ihr Unbehagen daran formuliert. Die gesetzgeberische Hürde nur war unter Tierfreund Hitler niedriger geworden. Im November 1933 schon erließ man ein eigenständiges Reichstierschutzgesetz. In den Konzentrationslagern waren von nun an die Wachhunde die besseren Menschen.

Das Jahr 1972 brachte uns endlich ein neues Tierschutzgesetz. Es ist so gut, wie es eben sein kann aus dem Haus eines Ministers, der die europäische Tendenz zur Agrarfabrik, zur menschenlosen Tiermaschine vertreten muß, wenn er politisch überleben will. Das Gesetz wurde, was die Intensivhaltung von mindestens 120 Millionen Tieren angeht, folgerichtig ein Ermächtigungsgesetz, mit der Humanität als Postulat. Es überläßt vieles der Wissenschaft, also der Zukunft. Man wird sehen. Was man jetzt schon sieht: Eine Sache im Sinne des bürgerlichen Rechts, wie bei Immanuel Kant schon im philosophischen Verstand, ist das Tier trotz des Pudelfreundes Schopenhauer und des Urwalddoktors Albert Schweitzer geblieben. Des Gesetzkommentators Wort vom «Mitgeschöpf», das sich, obwohl keine Rechtspersönlichkeit mit schützenswertem Rechtsgut, «als ein Gegenstand *sui generis* mit leblosen Dingen nicht gleichstellen läßt», in des Christengottes Ohr!

Die mir aufgegebenen 100 Jahre sind tierphilosophisch nicht so leicht zu personalisieren, obwohl die Wissenschaft in ihnen ganz allgemein – man denke an Atomphysik, Raumfahrt und Genetik – spektakulär kulminierte. Die zwei Jahrtausende davor waren nicht nur wegen des langen Zeitraumes an großen Gedanken über Mensch und Tier trächtiger. Wer Aristoteles sagt, muß nicht Albertus Magnus, ja nicht einmal Buffon sagen, wenn er die Fülle dessen andeuten will, was vor uns über Tiere an Originärem geschrieben wurde. Alfred Brehm und sein verdienstvoller Erneuerer Bernhard Grzimek, die den Alpha- und den Omegapunkt dieser 100 Jahre besetzen, sind am ehesten noch mit dem fleißigen Älteren Plinius zu vergleichen und werden, wenn durch nichts anderes, wie dieser Römer durch die schiere Fülle ihrer Enzyklopädien überdauern.

Einzig Konrad Lorenz wohl erhebt sich eigenständig zu säkularer Größe schon deswegen, weil er die Ethologie als beherrschendes Tierthema unserer Zeit ins Bewußtsein der Zeitgenossen hebt. Sein durchaus genial zu nennendes gestaltseherisches Fragen wird möglicherweise sogar einige seiner gefundenen Antworten überdauern, setzte es doch eine ganze, ihm nachfolgende Forschergeneration instand, plausible Hypothesen zu wagen in der Deutung der Innenwelt-Aspekte Darwinscher Theorien. Lehrer mehr noch als Gelehrter, ein flamboyanter Sokrates der Zoologie, wird er in den Schriften seiner Schüler über die Zeiten hinweg fortdauern. Daß Lernpsychologen ihm heute politisch und soziologisch am Zeug flicken, weil er gelegentlich irrte – in der flüchtigen verbalen Anpassung an das inhumane Vokabular brauner Rassenmedizin gewiß, in der Vernachlässigung sozial bedingter Frustrationsaspekte seiner ganz auf den Trieb gestellten Aggressionslehre vielleicht, das nimmt ihm nichts von seinem Glanz. Kant, auf dessen Königsberger Lehrstuhl er saß, nannte Platon einen Pseudophilosophen. Vor dem Irrtum sind auch die Großen nicht gefeit.

Nein, es ist nichts mit der Erhellung der modernen Mensch-Tier-Beziehung allein durch die Leuchtkraft großer Namen, wenn man diese Beziehung ethisch hinterfragt statt nur ethologisch. Es fehlte und fehlt der Zoologie heute nicht an bedeutenden Lehrergestalten. Auch hat sie unser Tierwissen um eine ganze Dimension, nämlich die der animalischen Innenwelt, erweitert. Aber zu den beiden großen Perversionen der Tier-Mensch-Beziehung von heute, der maßlosen Tiervermenschlichung einerseits und der ebenso maßlosen Tiervermassung andererseits, hat sie, nimmt man Lorenz aus, so gut wie nichts zu sagen, was kraft der moralischen Leidenschaftlichkeit des Denkens geeignet wäre, das Bewußtsein der Zeitgenossen zu verändern. Das wirkungsmächtige Philosophieren über die Schöpfung und die Wertigkeit von Mensch und Tier besorgen zuvörderst die Atomphysiker und die Molekularbiologen. Die Zoologie von heute ist an philosophischen Gedanken arm. Sie läßt denken durch den maschinisierten Menschen, genannt Computer. Es zählt, was quantifizierbar ist.

Zur Stoffgleichheit von Mensch und Tier tritt als neues identisches Schicksal beider nun noch die Vermassung hinzu, ein Schicksal, das sich in der Leistungssteigerung bis hin zum physischen Zusammenbruch und in der Wohnform der Batterie ausdrückt. Weil aber der Mensch so auf die Dauer nicht leben kann, bricht er ahnungsvoll aus ins Grüne, in den noch oberflächlichen Natur- und Umweltschutz, diese große, das Gewissen relaxierende Mode unserer Zeit. Und weil er auch mit der Tiermaschine auf seinem Gewissen nicht leben kann, bricht er aus in die noch oberflächlichere Tierliebe, die der andere bedeutende Verdrängungsmechanismus dieser Jahre ist. Niemals zuvor wußten Menschen dank der Ethologie so viel über die Bedürfnisse der Tiere. Niemals wollten sie in ihrer Mehrzahl weniger davon wissen als heute, faktisch nicht und moralisch schon gar nicht. Die Extreme *Daktari* und *Batterie, Vermenschlichung* und *Verdauung* beschreiben präzis die Hauptinhalte des heutigen Umgangs mit Tieren.

Geht man den Motiven nach, die heute den unterschiedlichsten menschlichen Beschäftigungen mit dem Tier zugrunde liegen, so kommt man alsbald zu dem deprimierenden Schluß, daß fast alle diese Motive anthropozentrisch sind, mehr oder weniger stark auf Ausbeutung und Erhaltung der körperlichen oder geistigen, in jedem Fall der dem Menschen nützlichen Eigenschaften der Tiere gerichtet. Nichts oder doch nur weniges geschieht um des Seins der Tiere willen. Zu dem wenigen zähle ich, in dieser Reihenfolge, die Arbeit der Erforscher und Bewahrer einer freilebenden Tierwelt, die der praktizierenden Tierärzte und der ihnen zuarbeitenden Forschung und die der wissenschaftlich geleiteten Zoos. Und selbst bei diesen Gruppen wären noch ethisch zu formulierende Einschränkungen zu machen.

Da ich das Millionenheer der sogenannten Tierfreunde von der Feststellung der anthropozentrischen Tiernutzung nicht ausgenommen habe, wird von dieser Seite der lauteste Protest kommen. Ich will daher meine These zur Verminderung von Mißverständnissen einengen. Wenn ich generalisierend Tier sage, so meine ich die höher organisierten Wirbeltiere, an die wir diffuse Gefühle einer Zuneigung wenden. Wenn ich von den Tieren der Tierfreunde rede, so rede ich von denen, mit denen sie sich in der Regel umgeben, also durchweg von käuflichen und verkäuflichen Tieren. Hier, beim ursprünglichen Warencharakter dieser Tiere, hat jede halbwegs gründliche Betrachtung der landläufigen Tierliebe einzusetzen.

Ich lasse die vom Handel der freien Natur entnommenen Wildtiere beiseite. Angesichts der barbarisch hohen Verlustraten, die mit dem Export und Import solcher Frischfänge in aller Regel verbunden sind, herrscht, glaube ich, unter Fachleuten, sofern sie nicht am Handel partizipieren, Einigkeit darüber, daß ein weltweites gesetzliches Verbot der Entnahme von gefährdeten Tieren aus der Natur für alle anderen Zwecke als die der unumgänglich nötigen Forschung überfällig ist. Artenschutz und Menschlichkeit gebieten es. Der parasitäre Charakter einer Tierliebe, die sich auf solche Tiere richtet, braucht nicht diskutiert zu werden.

Was aber kann man gegen die Tierliebe haben, die beliebig züchtbare Heimtiere zu Objekten hat? Das ist nicht die Frage, degradierte sie das Tier doch vorbehaltlos zur Ware. Die Frage muß vielmehr lauten: *Cui bono* – wem nützt eine solche Tierliebe? So gefragt, stellt sich als erstes heraus, daß diese Tierliebe mit den Werbemethoden unserer Konsumgesellschaft zum Boom angeheizt worden ist. Anders ist der nie dagewesene, in die Millionen gehende Stückzahlenbestand in der privaten Tierhaltung nicht zu erklären. Der Umsatz der einschlägigen Branche geht mittlerweile in die Milliarden. Ich wohnte einmal einer Versammlung von Tierhändlern bei. Als ich sie nach zwei Stunden darauf aufmerksam machte, daß man bislang noch nicht vom Tier, sondern immer nur vom Geld geredet hätte, war man nicht einmal peinlich berührt, so selbstverständlich war ihnen allen das Tier als Ware längst geworden. In den Schaufenstern ihrer Ladengeschäfte, in den Vitrinen der Kaufhäuser, auf den Fernsehmattscheiben, in den Inseraten betteln denn auch die sorgfältig nach dem Lorenzschen Kindchenschema ausgesuchten Demonstrationsobjekte die Menschen an, man möge sie doch endlich von der Lieblosigkeit einer gewerblichen Umwelt erlösen, sprich: sie kaufen. Bekannt ist auch der Werbefeldzug eines Futtermittelherstellers, der Tausende von Wellensittichen an Kinder verschenkte, um ihnen zur Steigerung des Futtermittelabsatzes Tierliebe anzuerziehen.

Man kann als sicher annehmen, daß die Tierliebe dem Menschen nicht angeboren ist. Der Raubaffe ist nur sublimiert im «Pfui» der Mutter, mit dem sie ihrem Kind das Flügelausreißen an Insekten, das Herumzerren des Junghundes an Schwanz und Ohren, das Anbrennen der Katzenschnurrhaare verbietet. Tierliebe ist anerzogen, kulturell erzwungen, ethisch motiviert und, wie wir sehen, kommerziell stark manipulierbar, was sich von der spontanen Liebe, die ein Mensch für einen Menschen empfinden kann, nicht sagen läßt. Mit Recht wirkt daher auf gefühlsgesunde Menschen eine Tierliebe, die die Merkmale der Menschenliebe trägt, abstoßend. Der tote Hund in Leichenhemd und Sarg, mit einer Rose zwischen den erkalteten Pfoten, ist eine Manifestation sozialer Sodomie.

Eas manipulierbar ist, ist ungerichtet, schwankend, ist an- und abschaltbar. Wer die Fachpresse des Tierhandels liest, stößt immer wieder auf Artikel, die den jeweiligen modischen Trend der sogenannten Tierliebe aufzeigen und den Händlern unverhüllt raten, ihn durch verlockende Werbeangebote und Inserate in Verbindung mit Gefälligkeitsreportagen in der Lokalpresse zu aktivieren.

Die beliebig anschaltbare Wärme der Tierliebe ist auch ebenso beliebig wieder abschaltbar. Das schreckliche Wort vom Wegwerftier gehört zum Vokabular unserer Zeit. Viele Hunde werden umgebracht oder verjagt, wenn die Hundesteuerbescheide verschickt werden. An den Türklinken der überfüllten Tierheime finden sich früh morgens öfters trächtige Hündinnen, die man dort nachts angebunden hat. Jahr für Jahr, zu Beginn der Reisezeiten, werden die Tierheime überfordert mit ausgesetzten, herrenlosen Tieren. *Paris Match*, die große französische Illustrierte, schockte vor drei Jahren ganz Frankreich mit grauenvollen Bildern aus den mit Wegwerfhunden vollgestopften Vorhöfen der Pariser Tierkrematorien. Um die internationalen Flughäfen streunen sommers die Hunde und Katzen herum, denen im Handgepäck ihrer Herrschaft der Mitflug nicht erlaubt wurde. In allen Großstädten der westlichen Welt herrscht von Juli bis September Hundefängerkonjunktur, von der die zoologischen und pharmazeutischen Versuchsanstalten profitieren. Die Wälder sind überlaufen von ausgesetzten, nach Nahrung suchenden Katzen. Jäger üben den Schrotschuß an ihnen oder fangen sie in Fallen, damit ihre Jagdhunde an ihnen die in Prüfungen verlangte Raubzeugschärfe üben können. Stiege man in die Kloaken der Städte hinab, fände man dort zu dieser Jahreszeit große Mengen toter Zierfische. Auch die Ratten haben nun Konjunktur.

Für die neue Saison dann, zur Erbauung der Tierfreunde an den wieder länger werdenden Abenden, ist der Tierhandel bestens gerüstet. Die Nachzucht läuft auf vollen Touren. Bei den Modehunden Dackel und Basset und bei der Versuchshunderasse der Beagles hat die Zucht vielenorts durchaus einen Intensivcharakter angenommen, wie man ihn heute aus der Nutztierproduktion kennt. In kleinen Boxen aus Beton, die an langen Stallgassen aufgereiht sind, stehen die Hündinnen als Gebärmaschinen, oft ohne Auslauf und meist ohne sozialen Kontakt. Es interessieren nicht ihre Gefühle und sozialen Bedürfnisse, es interessieren allein die Läufigkeitszyklen. Ich weiß von einer Basset-Zucht im tierfreundlichen England, in der die Hündinnen bis zur Schließung des Etablissements jeweils in einem kniehoch abgesägten Holzfaß standen, angebunden natürlich, Kopf und

Analregion in trogartigen Ausschnitten nach draußen. Die Fässer standen dicht an dicht, und ein Fließband transportierte den Tieren den Kot unter der Rute weg.

Da es auch bei uns Intensivzuchten gibt (wenn auch wohl nicht dieses perversen Charakters), muß es bei uns auch Tierärzte geben, die am Stempelgeld, das bei der Massenimpfung anfällt, gut verdienen. Ich wünsche diesen Veterinären weiterhin einen ruhigen Schlaf.

Noch einmal: *Cui bono?* Wiegt die Nestwärme, das individuelle Glück, das den solcherarts produzierten, gesundheitlich oft fragwürdigen Fließbandwelpen in den Häusern der Tierfreunde zuteil wird, das Massenelend ihrer Mütter auf? Und was ist das für ein Glück oft genug? Die Adressaten der Versandhauskisten mit den Junghunden darin gehen ganz überwiegend in die Städte. Wer die Großstadtpresse der Bundesrepublik liest, dem kann eine sich ausbreitende Hundefeindlichkeit nicht verborgen bleiben. Es mehren sich die Proteste gegen die übervollen, nächtlichen Lärm verbreitenden Tierheime, gegen den Hundekot, der Gehwege und Spielplätze verseucht. Eine bis vor die Gerichte getragene Feindschaft zwischen den Menschen dieser unschuldigen Tiere nimmt zu. «Hunde dürfen alles, Kinder dürfen nichts!» las ich an einer Stuttgarter Mauer.

In Wahrheit dürfen auch diese Hunde so gut wie nichts von dem, was natürliche Hundeart ist. Bis über beide vom Stadtlärm abgestumpften Ohren werden sie an Leinen durch die Abgase des Straßenverkehrs gezerrt, nasenblind vermutlich durch den Ansturm artfremder Gerüche. Wir finden schon nichts mehr dabei, daß diese klassischen Lauftiere im Auto zum Friseur, zum Hausarzt und neuerdings auch zum Psychiater gefahren werden. Im Pariser Hilton-Hotel filmte ich einen Cocker, der vom gedeckten Tisch ein geschabtes Filetsteak fraß. Hilton wirbt damit in Anzeigen um Gäste. In New York ließ ich ein durchaus ernstgemeintes, florierendes Hunderestaurant filmen, und derzeit bin ich dabei, zu Bildern zu kommen aus einem süddeutschen Schlankheitsinstitut für übergewichtige Hunde.

So betrachtet, und so muß man es wohl betrachten, ist Tierliebe, Hundeliebe zumal, in der für mich überschaubaren hochzivilisierten Gesellschaft ganz überwiegend anthropozentrisch, nützlich in der Hauptsache dem Menschen und seinen auf Mode, Status, körperliche Fitness und das Ausleben von Autorität gerichteten Bedürfnissen.

Daß es die Ausnahmen der ethischen Tierliebe gibt, und gar nicht einmal so wenige, daß ich das weite Feld der Diensthunde hier nicht beackere, das weiß ich natürlich auch. Das Ärgernis ist der Boom, der alles andere diskreditiert. Für die Städte ist der Zeitpunkt gekommen, sich und die Tiere mit einem *Numerus clausus* zu schützen, der in erster Linie die Hinwendung der Kinder zum Tier, die Alterseinsamen und die geistig Defekten begünstigt, auf die neuen Forschungen zufolge ein Hund therapeutische Effekte haben soll. Das wäre der wahre, bis in die Zuchtgettos hineinwirkende ethische Tierschutz.

Daß dieser Tierboom seine tiefsten Gründe in der Entfremdung des Menschen von der Natur haben könnte, daß die übersteigerte Tierliebe in unserer Zeit die Stillung eines triebhaften menschlichen Appetenzverhaltens und mithin etwas ganz Natürliches, tief Gefühltes sei, das ist oft gemutmaßt worden. Diese Deutung besonders der rekordhaften Einschaltquoten bei problemfreien, das exotische Heile herausstellenden Tiersendungen des Fernsehens habe ich stets mit Mißtrauen gelesen. Sie wurde inzwischen auch gründlich widerlegt. Als das ZDF in Mainz mit bewährten Holzamer-Methoden daran ging, durch Vorverlegung seines Abendprogramms die großen Torjäger der ARD, voraun unseren Großmeister Bernhard Grzimek, systematisch zu decken, da fielen die üblichen traumhaften Sehbeteiligungsquoten von etwa 70 Prozent aller eingeschalteten Geräte in den tiefen Keller von 20 Prozent. Edgar Wallace und seine *Toten Augen von London*, sein *Hexer* und wie diese abgestandenen Gruselfetzen aus den sechziger Jahren sonst noch heißen mögen, entlarvten die deutsche Tierliebe als ein drittklassiges Unterhaltungsthema. Auch wohl als ein spezifisches Frauen- und Kinderreservat. Ich weiß aus meiner vielen Post, daß die Programmtyrannei der Männer die weiblichen Mitglieder der Familien nur zu oft zu Krimi- und Sportkonsum zwingt, wenn diese Art der Unterhaltung mit Tiersendungen konkurriert. Das ist zu bedenken. An der grundsätzlichen Richtigkeit der Diagnose, die Beschäftigung mit dem Tier in Fernsehtheorie und Haushaltungspraxis diene vorwiegend einer die wirklichen Tierprobleme unserer Zeit verdrängenden Unterhaltung, ändert es nichts. Die demoskopisch ermittelten Zahlen sind gar zu eindeutig.

Es gibt noch einen anderen Stützbeweis für meine Behauptung vom Zerstreuungscharakter der Tiere in Menschenhand. Mein an Weihnachten 1973 gesendeter Film über die Metamorphose der

Schmetterlinge war in fast allen Blättern der Republik angekündigt worden als das, was er tatsächlich war: eine stark wissenschaftlich getönte Information über biochemische Abläufe, eingehüllt freilich in ein ästhetisch ansprechendes Bilderkleid und sogar in Musik. Folgerichtig im Sinne meiner kulturpessimistischen Deutung der Tierliebe waren bei diesem Schmetterlingsfilm zur denkbar besten Sendezeit nur 19 Prozent der in Betrieb befindlichen Geräte eingeschaltet, während ich normalerweise über 50 Prozent auf mich ziehe. Das Konkurrenzangebot des ZDF war nicht spektakulär: kein Krimi, kein Fußball, vielmehr eine durchschnittliche Marlitt-Schnulze.

Wer diesen Schmetterlingsfilm gesehen hat, wird zumindest der Kameraarbeit Kurt Hirschels bescheinigen müssen, daß Diffizileres aus dem Mikro- und Makrobereich selten, wenn überhaupt je zuvor, in dieser technischen und ästhetischen Perfektion gezeigt worden war. Es bleibt nur der Schluß übrig, daß ein echtes, in die Verstandestiefen reichendes Interesse am Tier nach wie vor eine Beschäftigung von Minderheiten ist. Man kann ja nicht einmal davon ausgehen, daß diejenigen, die diesen Film sahen, auch schon am Tier interessiert waren. Wir in den Fernsehanstalten wissen, daß jeder von uns, der regelmäßig im Scheinwerferlicht steht, zahlenmäßig ein nicht unbeträchtliches Publikum hat, das weniger von der Sache als vielmehr von einer bestimmten filmischen Machart, einer Diktion, einer Stimme oder auch nur von der Krawattensammlung des Moderators angezogen wird. Auch sagt vielen Gewohnheitssehern oft das Mainzer Programmangebot so wenig zu wie das der ARD, und also wählen sie, unfähig abzuschalten, das kleinere Übel, das in meinem Fall eben Schmetterling hieß.

Die Zahlenprobe aufs Exempel meiner eigentlichen Filmhandschrift steht noch aus. Sie wird kommen, wenn meine filmischen Bemerkungen über den Hund in der Stadt gezeigt werden. Ich deutete Ihnen die Thematik vorhin schon an. Es ist leider anzunehmen, daß Edgar Wallace, mit dem sich das ZDF gut versorgt hat, obsiegen wird. Wenn sich bis 20.15 Uhr, dem Beginn des ARD-Abendprogramms, seit 19.30 Uhr drei ungeklärte ZDF-Leichen angesammelt haben, dann ist, so fürchte ich, der überwältigenden Mehrheit des tierliebenden deutschen Volkes das Schicksal der im Auftrag und auf Rechnung dieser Tierliebe ausgebeuteten, intensiv gezüchteten und oft genug als Wegwerfware behandelten Hunde gleichgültig. Mit nur fünf Mark für die Haussammlung des Tierschutzvereins ist man bei der Liebe ja wieder dabei.

Das flache Gewässer einer solchen Tierliebe hat dicht unter der Oberfläche einen Untergrund, in dem jeder Gedankenschritt versinkt und wenig anderes zutage fördert als die Blasen aufsteigender Emotionen. Ich meine die Intensivhaltung unserer Nutztiere. Es ist schwer, sich dem Urteil von Konrad Lorenz nicht anzuschließen, diese Art der Fleisch- und Eiproduktion sei eine Kulturschande. Es ist doppelt schwer gerade für mich, ihm zu widersprechen, denn ich provozierte diese Stellungnahme. In meinem Hühnerfilm hatte ich den Ethologen um Lorenz vorgeworfen, es sei ihnen kein exotischer Urwald zu dicht, kein Ozean zu tief, um darin nicht ihren Studien an freilebenden Tieren nachzugehen und sie flugs in Bestseller umzusetzen. Nur in einen heimischen Stall, da bringe sie niemand hinein. Das, so hatte ich der Lorenz-Schule im Hinblick auf Klaus Zeeb, Anton Grauvogel und andere Veterinäre vorgeworfen, überließen sie den ethologisch ambitionierten Tierärzten.

Da Konrad Lorenz es selber öffentlich sagte, kann ich es hier wiederholen: Er schränkte nach meinem Appell an sein wissenschaftliches Gewissen seine bis dahin vertretene und von der Hühnerindustrie weidlich ausgebeutete Lehrmeinung ein, die hohe Legeleistung sei bei Vögeln, und also auch bei Batteriehühnern, stets ein Beweis für körperliches Wohlbefinden. Fortan ließ er diese Meinung nur noch für die Wildformen der Vögel gelten. Die Batteriehühner erklärte er *ex cathedra* für hormonal manipuliert. Den Beweis dafür und für die Stresssymptome der Batteriehühner versuchen nun die Lorenz-Schüler Leyhausen und Nicolai, insbesondere aber Glarita Martin, Hohenheim, durch eigene Versuchsreihen und Literaturauswertung zu erbringen. Der Hohenheimer Hühnerpapst, Professor Siegfried Scholtyssek, der den Tierschützern als die Inkarnation des Leibhaftigen gilt, als ein Sadist im weißen Kittel, mußte seine eigenen ethologischen Bemühungen um die Geschöpfe seiner Computergenetik einstweilen aufgeben. Man bewilligte ihm dafür, wie er mir sagte, kein Geld. An gutem Willen, das weiß ich aus der genauen Kenntnis dieses oft diffamierten Mannes, fehlt es ihm nicht.

Und das, diese Verlangsamung wissenschaftlicher Erkenntnisprozesse durch Geldverknappung seitens des Staates, ist der eigentliche

Tierschutzskandal, weil es an jedem dadurch verlorenen Tag Millionen von Tierindividuen verwehrt wird, ihre artspezifischen Verhaltensweisen frei auszuleben. Wann endlich werden die von Menschenwürde fabulierenden Politiker begreifen, daß der Tier- und Naturschutz im Hause eines Landwirtschaftsministers zu unlösbaren Zielkonflikten führen muß? Politischer Selbstmord ist keinem Minister zuzumuten. Darauf aber liefe es hinaus, wollte Herr Ertl heute einer ohnehin aus Einkommensgründen sich radikalisierenden Landwirtschaft das Zurück zur Natur in der Viehzucht verordnen. Daß auch noch die Industrielobby zunehmend hinter der Intensivhaltung steht, macht die Probleme allenfalls moralisch, keineswegs aber politisch leichter.

Viele Tierfreunde übersehen stets diese politischen Implikationen des Problems. Sie übersehen, daß der Fleisch- und der Eierpreis politische Preise sind, die national kräftig zu erhöhen – und darauf zumindest liefe eine Abschaffung der Intensivhaltung hinaus – sich keine Regierung leisten kann in einer Zeit des internationalen Agrarmarktes und der allgemeinen Inflationshysterie. Die Welt der Tierzucht aber in Ordnung bringen zu wollen, indem man das Kalbfleisch hinfort auch rot und die Eier nur noch anhand des Stempels eines naturnah produzierenden Betriebs kauft, das ist menschlich liebenswert, aber es bringt kein einziges Kalb aus der dunklen Mastbox, keinen jungen Mastbullen vom Spaltenboden und kein Huhn aus dem Käfig. Zu viele Leute, die absolute Mehrheit, streicheln Hund und Katz und Meerschweinchen und absolvieren damit ihr Pensum Menschlichkeit gegenüber Tieren. Der Tierschutz wird diese große Mehrheit nicht mit Bildern von anämischen Kälbern und die Ethologen werden sie nicht mit Aminosäuren, die den Batterieeiern fehlen sollen, anders als nur flüchtig schrecken. Und die Mehrheit ist der Gesetze machende Souverän. Und wer in den Massenmedien täglich das asiatische Menschenelend sieht, die Hungers sterbenden Äthiopier und Inder, der wird sich dem Hinweis der Nahrungsmittelproduzenten nicht ganz verschließen können, daß die Menschheit eine Versorgungslücke an Eiweiß aufweist, die sich keineswegs schließt, vielmehr mit steigender Bevölkerungszahl immer größer werden wird; daß die menschliche Not von morgen die Not der Nutztiere von heute ist.

Zumindest den Wissenschaftlern, die den Tierhaltern das Instrumentarium liefern, sollte man zubilligen, daß sie über den monetären Profit hinaussehen. Sie haben die Warnung Carl Friedrich von Weizsäckers im Ohr, der in Indien eine Hungerkatastrophe heraufziehen sieht, deren Opfer sich nicht mehr auf schon gewohnte Zehntausende, sondern auf Millionen von Menschen belaufen könnte. Sie wird, wenn sie kommt, die Welt in unvorstellbarem Maße erschüttern, und die Erschütterung wird sich nicht in den Seelen der Menschen, sondern im politischen und geographischen Gefüge unseres Planeten abspielen. Es könnte dann sein, daß der in den Industrienationen derzeit noch mit moralisch anfechtbaren Mitteln erzeugte Eiweißüberschuß die letzte Möglichkeit ist, Moral auszuüben, das heißt: die Verhungernden zu speisen und die Welt vor dem sozialen Chaos zu bewahren.

Diese düsteren Zukunftsaspekte schließen unsere gegenwärtige Verantwortung für die Nutztiere natürlich nicht aus. Sie exkulpieren insbesondere das Haus Ertl auch nicht von dem Verdacht der Interessenabhängigkeit in den Fragen des Nutztierschutzes. Seit beinahe zwanzig Jahren stehen auch in der Bundesrepublik die übervölkerten, nach Kapitalnutzen und Kapitalertrag organisierten Batterien, stehen die Kälber in ihren Boxen und die Mastbullen und Mastschweine in ihren auf den Zentimeter berechneten Ställen. Zwanzig Jahre ohne eindeutiges verhaltensphysiologisches, vor allem aber politisches Ergebnis sind mehr als genug. Die ethologischen Aspekte der modernen Massentierhaltung lagen lange genug offen zutage. Daß man sie erst heute unter öffentlichem Druck und Auftrag intensiver angeht, spricht nicht für das moralische Engagement der Wissenschaft und der Politik in diesen Fragen.

Dabei wird von ernst zu nehmenden Tierschützern nicht ein blauäugiges Zurück zur Natur verlangt. Gefordert ist eine Humanisierung der Intensivhaltung durch die Gewährung eines ethologisch zu ermittelnden Mindestmaßes an artspezifischer Bewegungs- und Triebfreiheit für Tiere, die heute noch nach einem schrecklichen Wort von Ruth Harrison oft sterben müssen, ohne je gelebt zu haben.

Ich kann mein Thema, die Tier-Mensch-Beziehung unserer Zeit, nicht zu Ende bringen, ohne den Jäger zu bedenken und den Reiter zumindest zu streifen. Beider Verhältnis zu ihren Tieren, besonders das des Jägers, war einmal nahezu symbiotisch. Es verband den Jäger der Prähistorie mit den jagdbaren Tieren über deren profane Nahrungsfunktion hinaus eine Magie des Blutes, die heute freilich auf den Unbefangenen leicht belustigend wirkt, wenn sie in einer Hubertusrede von einem Jäger beschworen wird, der sich nach einer in TEE-Zügen und Hochhäusern verbrachten Woche jeweils Freitag abends als Hermann Löns verkleidet und mehr schlecht als recht seiner modernen Beschäftigung als Wolfersatz nachgeht.

Ich muß es immer wieder sagen: Ich habe nichts gegen den Jäger als Ordnungsprinzip in der heutigen Natur. Ich weiß natürlich auch, daß er, so gesehen, unentbehrlich ist. Meine Vorbehalte entspringen auch nicht den emotionalen Gemütsschichten, aus denen heraus viele Tierfreunde die Jäger als Tiertöter ablehnen. Mir schießen sie erstens nicht genug und zweitens zu oft das falsche Wild. Die vom Gesetz geforderte Vielfalt der Arten, deren Bewahrung dem Jäger noch aufgegeben ist, reduzierte sich nicht ohne seine erhebliche Mitschuld zur Vierfalt aus Hirsch und Reh, Hase und Fasan. Die alte mörderische Beutekonkurrenz zu Wolf und Luchs, Habicht, Marder und anderes sogenanntes Raubzeug ist noch längst nicht tot. Sie erweist sich heute wieder am vehementen, bis zum illegalen Totschießen gehenden Widerstand der jagenden Mehrheit gegen den Luchs, der in unseren großen geschlossenen Waldgebieten nach seiner Ausrottung vor 100 Jahren wieder eingebürgert werden soll.

Wieder also eine Menschengruppe, die in ihrer Mehrheit die Tiere nicht um ihres ökologischen Seinszweckes willen ansieht, sondern den mühsam mit der Stammesgeschichte bemäntelten Nervenkitzel ihrer Bejagung, ein rein anthropozentrisches Motiv, im Sinn hat. Der Chefredakteur des führenden deutschen Jagdblattes *Wild und Hund* schrieb allen Ernstes die Meinung nieder, die – so wörtlich – jagdliche Nutzung des vom Aussterben bedrohten Sumatratigers sei die beste Gewähr für sein Überleben. Warum es indessen beim Postulat der Jagd als Naturschutz nur allzuoft in Wirklichkeit geht, nämlich um privaten Lustgewinn, das zeigt in einer der neuesten Ausgaben dieses Blattes das Foto eines Jägers, der zwei totgeschossene polnische Wölfe sieghaft beim Genick hält. Darunter stand von der Hand eines Redakteurs (also denktypisch für das Blatt): «Des Jägers schönster Tag: Seine Doublette auf Wölfe.»

Um die biologische Ignoranz einer solchen Veröffentlichung abschätzen zu können, muß man die Sorgen der internationalen Wildbiologie um den Fortbestand des weltweit geächteten Wolfes kennen, auch ihre Bemühungen, diese Tiere, die sich nur als Ranghöchste verpaaren, wenigstens solange zu bewahren, bis man für die Lehrbücher kommender Generationen mehr von ihnen weiß, als in den Märchen und Gruselgeschichten von gestern zu lesen steht, wo der Wolf als eine Art von Faschist der Wildbahn porträtiert wird. Nach einer mündlichen Mitteilung des schwedischen Wolfforschers Erik Zimen ist in Skandinavien in diesem Winter eine letzte kleine Wolfpopulation durch Jagd vermutlich ausgerottet worden. In Polen und in der ČSSR ist der Urahn unserer Hunde in seinem Bestand gefährdet, weil er keine Schonzeit genießt.*

Kein Zweifel ist mehr daran möglich, daß, wenn der Trophäenkult und der Männlichkeitswahn nicht endlich sterben, die Herrenjagd sterben wird, die ihre privaten Gefühle und ihren Schießtourismus auf Kosten einer immer ärmer werdenden Natur auslebt. Die Zeit ist gegen sie. Nur fürchte ich, wird sie einige Tierarten noch mit ins Grab nehmen.

Ich wüßte vieles auch *für* die Jagd zu sagen. Da aber die Jäger das selber zur Zeit in überreichem Maß besorgen, kann ich es hier lassen. Meine Zeit läuft auch ab, und ich muß noch durch den schwierigen Parcours der Springreiter. Das vielpublizierte Mißverständnis zwischen ihnen und mir rührt daher, daß wir, wenn wir von Pferden sprechen, von verschiedenen Pferden sprechen. Ich rede dauernd vom Pferd, sie reden dauernd vom Reitpferd, und das ist etwas grundsätzlich anderes. Ein Reitpferd, gleich welcher Sportdisziplin, ist ein dressiertes Tier. Es hat, indem es Lob und Strafe erfuhr, über Jahre hinweg gelernt, die Dinge zu tun, die straffrei sind und gute Behandlung zur Folge haben. Davon leiten viele Reiter ab, ein aus solcher Erfahrung resultierendes Verhalten ihrer Pferde, zum Beispiel das Überspringen auch höchster Hindernisse, sei artspezifisch. In Wahrheit handelt es sich um ein andressiertes Meideverhalten, das durch Gedächtnisauffrischungen in Form von Schmerzzufügungen mittels Barren und ähnlichem aktiv gehalten wird.

* Als ich zu dieser Rede nach Berlin flog, las ich in der *Süddeutschen Zeitung* vom 8. April 1974, daß die polnische Regierung beabsichtige, die Wölfe unter Naturschutz zu stellen. Eine gnadenlose Jagd habe sie auf 150 Stück dezimiert.

Die Verhaltensforschung an Tieren bemüht sich peinlichst, bei der Beobachtung und Beschreibung ihrer Studienobjekte jeden Anflug von Dressur, auch von Selbstdressur auszuschalten. Die Reiter aber dressieren ihre Tiere zu kunstvoll stilisierten Geschöpfen mit Schaueffekten heran und neigen dann dazu, in ihnen einen neuen Genotypus Pferd zu sehen, der in der Lage ist, Erworbenes, nämlich das erst seit 100 Jahren übliche Parcoursspringen, zu vererben. Aber ein Grobschmied kann seinen Söhnen nicht das Schmiedehandwerk vererben. Was er weitergeben kann, das ist allenfalls eine Muskel- und Sehnendisposition, aus der sich durch Ausbildung ein Grobschmied machen läßt.

Und allein hier, im Muskel- und Sehnenapparat der Pferde, hat meine Kritik an den Auswüchsen der heutigen Springreiterei ihre Wurzel. Ich hoffe, es schreibt einmal einer die Geschichte der berühmten Springpferde der letzten zwanzig Jahre, die praktisch über Nacht aus den Schlagzeilen verschwanden. Die Biographien von Pferden wie Donald Rex, Jägermeister, Moët et Chandon, High and Dry, Winzer, Tasso (um nur die ganz Prominenten der letzten Jahre zu nennen) würden deutlich machen, daß die vierbeinigen Athleten der Springbahnen nicht anders als die menschlichen Hochleistungssportler in ihrem Bewegungsapparat längst überfordert sind. Es ist für die ihm heute zugemuteten Belastungen nicht konstruiert. Fluchttiere der Ebenen sind einseitig spezialisierte Lauftiere. Die Vertikale, das regelmäßige «Häuserspringen» unter fremdem Gewicht, ist nicht ihre Dimension. Sie ist eine Funktion von Zuckerbrot und Peitsche, vor allem der Peitsche.

Sie als Veterinäre, als die Sachwalter der Haustiere, haben es weitgehend in der Hand, dem Pferd durch öffentliche Mahnung zum reiterlichen Maßhalten zu nützen oder durch Schweigen an seinem Mißbrauch mitschuldig zu werden. Die unseligen Nervenschnitte, die nichts heilen, sondern die Ausbeutung der Sportpferde oft genug nur noch steigern, sind heute wohl nicht mehr zu verheimlichen und haben damit ihren Rückversicherungswert für gewissenlose Reiter verloren. Ihre Ursache aber, die Überanstrengung der Tiere in einem sich mehr und mehr professionalisierenden Springreiterzirkus, bestehen weiter. Und man liest von Klagen des organisierten Tierschutzes über bagatellisierende Ausflüchte der reiterlichen Sportgremien.

Mein Galopp durch die schillernde Welt der Tier-Mensch-Beziehung hat vieles übersprungen, das eine oder andere an Denkhindernissen wohl auch gerissen. Dafür erbitte ich Ihre Nachsicht. Sie werden mir in manchem widersprechen wollen. Das macht nichts. Ich bin nicht auf Ihren Beifall aus, sondern auf Ihre Hilfe bei der Vermenschlichung nicht der Tiere, sondern einer Tierliebe, die zumeist auf Lustgewinn oder materiellen Profit gerichtet ist. Im Grunde sind wir, Sie und ich, Brüder im Abglanz des Geistes eines Franz von Assisi und schulden dem geringeren Bruder Tier unser Engagement. Wenn wir einen Vorwurf vor allen andern zu fürchten haben, dann den, es ginge unser berufliches Gewissen zuweilen am Stock der Honorare.

Bei mir geht die Tierliebe durch den Kopf

Eine Antwort auf die Frage einer Filmzeitschrift nach des Verfassers Art, seine Filme zu machen.

Sie fragen mich, wie meine Filme zustande kommen, «ganz konkret». Die Antwort: Vermutlich nicht, wie es im Lehrbuch steht. Ich sagte *vermutlich*, denn ich habe nie eines gelesen. Und obwohl ich nun einige Jahre Praxis hinter mir habe, weiß ich von der komplizierten Technik meines Mediums noch immer wenig. Jeder Kamera-Assistent könnte mich da aufs Kreuz legen.

Ich machte gar nicht erst den Versuch, mir ein Schlagwortwissen anzueignen, etwa um mein professionelles Gesicht zu wahren vor interessiertem Publikum während der Freiland-Dreharbeiten. Tiere sind kompliziert genug. Sich mit ihnen auszukennen, ist ein Full-Time-Job geworden. Also machte ich aus der Not eine Tugend: Meine Kameramänner sind keine bloßen Auslöserdrücker. Ich fessele sie nicht Schnitt für Schnitt an ein Drehbuch (das ich ohnehin niemals schreibe). Ich fessele sie vor den Dreharbeiten, abends im Hotel oder in der Kneipe, mit Gesprächen über Biologie und Verhaltensmuster der anderntags zu filmenden Tiere. Auf diese Weise, und nicht zuletzt der oft publikumstypischen Kollegenfragen wegen, konturiert sich für alle Beteiligten der zu machende Film. Auch kann ich so auf ein autoritäres Regiegehabe während der Arbeit verzichten, das so oft fähige Kamera- und Tonleute renitent macht. Meine Kollegen wissen *vorher* genau, was ich will. Wir verkehren bei der eigentlichen Arbeit halblaut miteinander.

Diese angenehme Methode funktioniert natürlich nur, wenn der, der das Sagen hat, genau weiß, wovon er redet, und vor allem: wenn er bild-haft redet. Und das Bild hat bei mir absoluten Vorrang vor dem Wort. Ich halte nichts von den Krücken unverbindlicher Symbolbilder, an denen sich ein wortlastiger Film humpelnd über die Runden bringt. Die Mitschriften meiner Filmkommentare lesen sich streckenweise ziemlich kryptisch: Sie bedürfen des Bildes. Aber das ist weder etwas Neues, noch ist es nur dem Fernsehen eigen. Jeder Zeitungsvolontär lernt schon, oder sollte es doch lernen, daß eine Bildlegende das Bild nicht beschreiben, sondern ergänzen und pointieren soll.

Überhaupt fand ich für meine Arbeit die den Leser bedenkenden Gesetze des Journalistenberufes gut brauchbar. Ich verstehe mich ja nicht als Filmer, sondern als Dokumentarfilmer. Formal-ästhetische Gesichtspunkte ordnen sich bei mir der verhaltensphysiologischen Wahrhaftigkeit unter.

Was den Filmschnitt angeht, so respektiere ich die Gesetze dieses Metiers etwa so, wie jeder gute Zeitungsmacher die Gesetze der Typographie achtet. Ich betrachte den Schnitt in erster Linie als Ordnungsfunktion. Als l'art pour l'art findet er bei mir nicht statt. Das ist nicht abwertend gemeint. Ich verstehe mich, ich sagte es schon, als Fernsehjournalist mit einem wissenschaftlichen Thema. Ich habe Informationen verständlich ins Bild zu setzen, nicht mehr, nicht weniger. Das heißt natürlich nicht, daß ich einer filmischen Pointe, die sich von der Sache her anbietet und durch Schnitt verdeutlicht werden kann, puristisch aus dem Wege ginge.

Die Konzentration des Tierlebens auf wenige Frühjahrs- und Sommermonate macht es nötig, daß ich zwei oder drei Filme zeitweilig nebeneinander produziere, und schon deshalb ist zoologisches Interesse und das Mitdenken meines Teams eine Vorbedingung unserer Arbeit. Fremdmaterial kaufe ich nur wenig. Exotisches ist kilometerlang zu haben, desgleichen Tier-Material, das auf eine dümmliche, ethologisch zumeist nicht stimmende Handlung gequält wurde. Und das Universitätsmaterial, das ich mitunter brauchen könnte, ist oft filmisch steril, Dokumentar-Purismus, überdies meist, der Kosten wegen, schwarzweiß. Also drehen wir das weitaus meiste selber. Da liegt es auf der Hand, daß ich nicht bei jeder Einstellung dabeisein kann, zumal der größte Teil unserer Zeit mit Warten zugebracht wird. Tiere wollen oder wollen nicht. Meist wollen sie nicht. Und wollen sie endlich, dann ist oft die Arbeitszeitordnung des Senders dagegen, daß noch gedreht wird: Passiert etwas, zahlt die Versicherung nicht. Dennoch kommen wir wunderbarerweise alle drei bis vier Monate zu einem fertigen Film. Das ist aber nur ein Durchschnittswert. An den *Bemerkungen über die Biene*, die einen Plus-Sieben-Aufruhr im Gemüt des Publikums verursachten, drehten wir annähernd ein Jahr, am Schmetterlingsfilm sogar zwei. Und ein in Arbeit befindlicher (1974) Spinnenfilm wird uns drei Jahre kosten.

Die letzte Arbeit an einem fertig geschnittenen Film ist der Kommentar. Wie ich höre, gibt es Kollegen, die ein fertiges Manuskript und ein paar Kilometer Film auf den Schneidetisch legen und zum Cutter sagen: «Nu mach mal!» Mein Kommentar entsteht anhand des fertigen Films mit der Stoppuhr, und da werde ich durchaus zum Silbenzähler. Ich hasse mangelnde geistige Synchronisation zwischen Bild und Wort. Wenn ich das Ohr des Publikums haben will, darf ich im Fernsehen, meine ich, sein Auge nicht gleichzeitig fremdgehen lassen.

Aus eben diesem Grund vermeidet der Südfunk bei meiner Moderation auch jedes Bühnen-Chichi, wie etwa Bücher an der Wand, Tiere im Studio oder Lichteffekte. Den Schlips ziehe ich mir, bevor die Klappe fällt, im spiegelnden Kamerakompendium gerade, den Kamm ersetzt die Hand, die Puderquaste oft das Taschentuch. Doch ist diese Nonchalance die unverschämteste Heuchelei. Sie verdeckt auch nur unzulänglich, daß ich vor jeder Moderation Angst habe. Ich mag vor der Kamera nicht ablesen, andererseits gestattet Sekundengenauigkeit auch kein Schwafeln. Auswendiglernen ist meine Stärke nicht, und so hangele ich mich vor der Kamera – vergeblich um das von der Regie gewünschte freundliche Gesicht bemüht – von Gedächtnislücke zu Stegreifformulierung und zurück zum amtlichen Text.

Erlauben Sie mir noch ein Wort zu dem Etikett «Tier-Feuilletonist», das Sie mir aufklebten. Ich beantworte damit zugleich Ihre Frage, wie sich Wissenschaft und Feuilleton zueinander verhalten. Ich halte dieses Etikett für ebenso treffend wie das Präfix «Tierfreund», mit dem die Programmzeitschriften und Illustrierten meinen Namen ausnahmslos schmücken. Für das große Publikum, vertreten durch die Programm-Illustrierten, ist ein Mensch, der über Tiere «plaudert», halt ein Tierfreund, wie eben in der progressiven Filmkritik ein Journalist, der es weder mit Porno noch mit Politik hat, der vielmehr im Fernsehen über Tiere in unwissenschaftlicher Sprache redet, ein Feuilletonist ist.

Daß das Tier im Fernsehen zuvörderst ein faszinierender Denk- und Lernanstoß sein kann, weitab vom anthropomorphen Schmus der Daktari & Co., ist weithin unbekannt in einer publizistischen Landschaft wie der unserigen, in der ein TV-Schaffender, der es mit den lieben Viechern treibt, in erster Linie sein Herz vorzuweisen hat – seinen Kopf dagegen allenfalls fürs Titelfoto. Und lehnt er es ab, sich mit einem Affen auf der Schulter fotografisch zum Affen machen zu lassen, dann drückt man ihm eben, wie es einmal die lieben Kollegen von *HÖR ZU* mit mir taten, die lieben Tierlein mit zeichnender Künstlerhand ans Herz.

Wissenschaftsjournalismus, auch in der eher leichthändigen, pointierenden Form, um die ich mich bemühe, ist keine *contradiction in adiecto:* Ich wäre ohne die Hilfe der wissenschaftlichen Institute, der Veterinäre, der Tierzüchter meinem Wissen und meiner Veranlagung nach ohne befriedigendes Thema. Sie helfen mir. Sie kommen mit ihren Sorgen zu mir. Sie haben gemerkt, daß ich nur in der Sprache salopp, in wissenschaftlicher Detailgenauigkeit aber in den Grenzen meines Mediums deszipliniert bin, daß ich mich ohne Furcht vor gesellschaftlichen Tabus bemühe, das Raubtierhafte des Menschen in seiner Wirkung auf die Tiere seiner Umgebung informierend statt nur emotionalisierend und moralisierend darzustellen. Es ist ein alter Hut unter Züchtern: Die Hausfrau, besorgt um die zufriedenen Bäuche ihrer Lieben, ist unbewußt der größte Feind einer humanen Nutztierhaltung. Es hat ihr dies, abends um 20.15 Uhr im Fernsehen, nur noch keiner zu sagen gewagt. Es schadet dem Tierfreund-Image.

Um es der Hausfrau sagen zu dürfen, um sie vom Umschalten in eine heile Welt abzuhalten, bediene ich mich zuweilen sprachlicher Mittel, die man gern als Feuilletonismen bezeichnet. So ist das.

Nur dies noch: die Fernsehkritik, die konservative wie die progressive, hat das Tier als soziologisch ernst zu nehmenden Gegenstand des Abendprogramms erst noch zu entdecken. Bislang überließ sie das Thema den Witzzeichnern oder trieb ihren dümmlichen Spott mit seinen Exponenten («Die Blattlaus auf der Schulter Professor Grzimeks»). Sie hat eine grausige Dimension dieses Genres noch nicht einmal zur Kenntnis genommen, geschweige denn nachhaltig artikuliert: die zunehmende Abwendung des Menschen vom Menschen und seine Hinwendung zum Tier. Es war einer der konservativen Tier-Leute, nicht einer der progressiven Filmkritiker, der mit dieser misanthropischen Tierliebe hart ins Gericht ging. Von Konrad Lorenz stammt hierzu das Wort von der «sozialen Sodomie», die «ebenso ekelerregend wie die geschlechtliche» sei.

Verlogene Paradiese

Eine Auseinandersetzung mit Safari-Parks und Wildgattern in Deutschland, veröffentlicht im Nachrichtenmagazin «Der Spiegel».

Während Afrikas Menschen, auch Schwarze, Neger oder Nigger genannt, es schwer haben, bei Bundesbürgern ein Zimmer zu bekommen, öffnen die Deutschen Afrikas Tieren nicht nur ihre Herzen, sondern in zunehmendem Maße auch ihre Wälder.

Elefanten scheuern sich das Hinterteil an Eichen, Giraffen lispeln lustlos an Fichtentrieben, Löwen verdauen hinterm Holderbusch, und Leoparden zerren die Schulter einer ehemals schwarzbunten Holsteiner Kuh in die Astgabel einer Buche hinauf.

Nachdem sie des ewigen Tierschmuses auf Bilderblattpapier und Fernseh-Zelluloid allmählich müde geworden sind, verlangt es die Tierfreunde am Sonntagnachmittag mehr und mehr nach ihren Lieblingen in Fleisch und Blut und freier Wildbahn: Afrika zwischen Kaffee und Abendbrot. In der Senne zwischen Bielefeld und Paderborn, zum Beispiel, stauen sich an Fest- und Ferientagen die Autos kilometerweit und halten Stoßstange an Stoßstange Einzug ins verlogene Paradies eines – unter mehreren – «Safari»-Parks mit fremdländischem Großgetier auf deutschem Boden.

Während die Kassen der Unternehmer aus dem Tierhandels- und Schaustellergewerbe klingeln und das Volk in den Autos sich hinter hochgekurbelten Scheiben gruselnd der wilden Natur nahe wähnt, zeigen Machart und Sprache der Hinweisschilder, die kilometerweit die Zufahrtsstraßen zu solchen Parks verunzieren, was sich in ihnen in Wahrheit abspielt: Zirkus das ganze Jahr über.

Und ein schlechter Zirkus dazu. Eingeweihte Zoologen berichten hinter vorgehaltener Hand von hohen, durch Klimaschwierigkeiten, Parasitenbefall und Haltungsmängel verursachten Tierverlusten, die dem einschlägigen Handel willkommener Anlaß zu profitträchtigem Nachschub sind. Die wissenschaftlich geleiteten großen Zoos schweigen laut und deutlich; sie fürchten den Vorwurf des Konkurrenzneides.

Doch nicht das Schicksal von Tierindividuen, mit dem Tierschutzvereine und Staatsanwälte sich befassen mögen, fordert Widerspruch an dieser Stelle heraus. Es ist vielmehr der Kulturskandal, daß die sprachlose Würde von in Freiheit schon bedrängten Tieren hier von Geschäftemachern auch noch vor die Reifen einer Autogesellschaft geworfen wird, deren kreatürliche Tierliebe durch die Massenmedien längst zum Tierkitsch pervertiert wurde. Es führt von Daktari & Co. über Mainz, wie es wiehert und bellt, ein direkter Weg in die Senne, ins Hessische und in die Lüneburger Heide.

Die schlichthirnige Machart einer populären Tierdarstellung, die das Tier stets vermenschlicht und es damit herauslöst aus seinen komplexen ökologischen Bezügen zur ihm gemäßen Landschaft, trägt Schuld daran, daß Millionen von Menschen nicht einmal bemerken, wie in diesen Safari-Parks beide auf das schrecklichste vergewaltigt werden: die Tiere und die Landschaft.

Wo der moderne, wissenschaftlich geleitete Zoo das exotische Tier mit stilisierten Kulissen umstellt, die deshalb erträglich sind, weil sie mit ihrer tierpsychologisch ausgeklügelten Architektur echte körperliche Bedürfnisse der Tiere befriedigen, so spielen diese Pseudo-Wildparks Othello in der Lüneburger Heide: zoologisches Schmierentheater. Und nicht eine der ach so sensiblen kulturkritischen Federn der Republik sträubte sich, ganz so, als stünden ein Heinroth, ein Tinbergen und ein Lorenz nicht in der Nachfolge eines Aristoteles, so als sei Tierschutz nur eine Frage des kupierten oder nicht kupierten Boxer-Ohrs, und nicht eine Assisi-Frage nach dem geringeren Bruder, nach dem geheimnisvollen Wesen im Vorhof des Menschen.

Neben den krebsigen, zu Metastasenbildung neigenden Safari-Park-Geschwüren ist der deutsche Wald zwischen Meer und Alpen auch noch von den Pockenmalen der Wildgatter-Seuche befallen. Bei der Stückzahl 448 stellte der um biologische Seriosität bemühte Verein Deutsche Wildgehege, der nur 111 Gatterbesitzer zu Mitgliedern hat, 1970 das Zählen ein. Er schätzt, daß diese Zahl sich seither mindestens verdoppelt hat.

Das Spektrum dieser Gatter mit überwiegend einheimischen Tieren oder längst eingebürgerten Exoten wie Damwild oder Fasan reicht von der Kekse fressenden alleinstehenden Wildsau, die den Biertrinkern einer Waldkneipe auf 100 Quadratmeter eingegattertem Morast die Natur nahebringt, bis zum 4000 Hektar großen Muster-Jagdgatter im Schönbuch bei Tübingen.

Es sind nicht eben viele Gatter, in denen durch eine behutsame

Zusammenfügung von Mensch, Tier und Landschaft der Anspruch verwirklicht ist, das Erlebnis des Wildes in einer artgemäßen Umgebung zu vermitteln. Und selbst die besten, von integren Privathegern oder Staatsforstbeamten geleiteten Schaugatter erreichen selten mehr als den schönen Schein der Wildwirklichkeit. Das wird am Beispiel des Nationalparks Bayerischer Wald deutlich: Eine beim Namen Nationalpark von Yellowstone- und Serengeti-Vorstellungen ausgehende Öffentlichkeit findet sich bei Spiegelau, statt im erwarteten Autofensterkontakt mit freilebenden Tieren, an den Gehegezäunen von Zoo-Hirschen, Zoo-Luchsen und Zoo-Wölfen wieder.

Wie denn auch anders? Luchs und Wolf wurden als Beutekonkurrenten bei uns ausgerottet, und der Rothirsch wandelte sich unter dem Druck der Bejagung und der schrumpfenden, unruhig gewordenen Lebensräume vom Tag- zum Nachttier, das frustriert in den nahrungslosen, monokulturellen Fichtendickungen steht. Trotz lokal herangezüchteter übergroßer Stückzahl, die durch Rindenschälen den Wald gefährdet und durch Verbiß seltener Hölzer seine natürliche Verjüngung verhindert, bleiben die Hirsche dem ungeschulten Spaziergänger unsichtbar. Wer sie ihm vorführen will, muß sie domestizieren: fangen, einsperren, füttern, schlachten.

Dennoch haben Schaugatter ihre Berechtigung; das Bedürfnis der Menschen aus Ballungsgebieten nach einem Minimum an halbwegs intakter Natur ist nicht geringzuachten. Wildbiologischer Purismus hat da zurückzustehen. Wo aber, wie in der erdrückenden Mehrzahl der Gatterfälle, eine solche Menschenfreundlichkeit nur bemäntelt, daß Tiere dazu herhalten müssen, Gastwirten, Hoteliers und abgewirtschafteten kommunalen und privaten Waldbesitzern zahlende Gäste zuzutreiben, da wird Wohltat zur Plage.

Zum Politikum gar wird die Gatterhaltung, wenn eine Regierung, wie die von Schleswig-Holstein, nicht nur nicht gegen eine gewinnsüchtige Zurschaustellung schutzbedürftiger einheimischer Großtiere einschreitet, sondern ihre eigenen Gesetze zu brechen bereit ist, um eine solche Massenprostitution von Großtieren zu ermöglichen.

Geplagt vom stimmenträchtigen Kampfruf der Roten nach mehr Lebensqualität, fällt Gerhard Stoltenbergs grünen Mannen um Landwirtschaftsminister Engelbrecht-Greve das alte Journalistenrezept für politische Saure-Gurken-Zeit ein: Tiere und kleine Kinder sind immer gut. Obwohl ihr eigenes Waldgesetz das Befahren der Wälder mit Autos unter Strafe stellt, wollen sie 500 Hektar Wald bei Trappenkamp zu einer Drive-in-Spielwiese machen, in der – unter anderen Tieren – eine Massierung von etwa 100 Rothirschen auf einer unbiologisch kleinen gezäunten Fläche den ständigen, bequemen Wildanblick aus dem Auto heraus garantieren soll – Vorbedingung eines kommerziellen Erfolges.

Es schert die Regierenden offensichtlich nicht, daß die anwohnenden Bürger seit Monaten leidenschaftlich protestieren. Kiel spekuliert auf die städtischen Menschenmassen zwischen Flensburg und Hamburg. Es macht den Staatsforstbeamten nichts aus, daß Wissenschaftler ihrer eigenen Landesuniversität die Teufel Tierstreß und Waldzerstörung gutachterlich an die Wand malen.

Kahlschläge und Ausforstungen lassen trotz gegenteiliger Versicherungen befürchten, daß auch im dichtbesiedelten, relativ waldarmen Schleswig-Holstein unter dem Zwang zur Amortisation hoher privater Investitionskosten eines Tages die Futterrampen und Tribünen stehen werden, von denen herunter eine in ihrem Naturerleben zynisch manipulierte Bevölkerung die «wilden Hirsche» mit gekauftem Futter aus bereitgestellten Automaten versorgen wird. Zur Herstellung, wie es der Kieler Biologe Professor Dr. Ernst-Wilhelm Rabe formuliert, von «schlachtreifem domestiziertem Mastvieh, das zum fotografischen Abschuß freigegeben wird». Und zum Wohl der als Pächterin vorgesehenen Firma Schulte-Wrede, die in der Eifel ähnliche Großprojekte betreibt.*

Da hält sie auf 300 Hektar Fläche 95 Stück Damwild, 150 Stück Rotwild und 170 Sauen und bezeichnet diese ungeheure Wildmassierung als ein Abbild der Natur, während es sich in Wahrheit um einen Intensivbetrieb der Tierzucht handelt. Man wirbt mit des verstorbenen Eugen Schuhmachers Bemerkung, er habe hier in diesem Park seine Filmkamera bloß auf einem Weg aufzustellen brauchen, und schon habe er die schönsten Brunftbilder seines Lebens im Kasten gehabt. Damit wird Schuhmacher in Wahrheit zum Zeugen der Anklage: Nirgendwo in der einheimischen Natur kommen auch nur annähernd so große Wildansammlungen vor.

* Am Tag nach dem Erscheinen der *Spiegel*-Ausgabe, in der dieser Aufsatz veröffentlicht wurde, gab die Regierung von Schleswig-Holstein ihre Pläne auf, das Gatter Trappenkamp von einer Privatfirma zum Drive-in-Park ausgestalten zu lassen. Automobile bleiben aus dem Wald verbannt.

Diese kommerziell geleiteten Wildparks, von denen allein die Firma Schulte-Wrede neun unterhält, sind drauf und dran, durch ihre per Inserat und Briefliste verbreiteten hegeziellosen Abschußangebote die durch unmäßigen Geldeinsatz bei Revierpacht und Trophäenjagd angeschlagene bundesdeutsche Jagdmoral noch weiter zu korrumpieren.

Die Schieß-Kundschaft, die sich für 2500 Mark einen schicken Vierzehnender für die Knochenwand überm Sofa holt, reicht vom revierlosen Jungjäger bis zum saturierten Finanzmakler, dem der Terminkalender fürs Pirschen in Ungarn keine Zeit läßt. Mit reichlich Trinkgeld erkaufen sie sich die Diskretion des Gehegepersonals. Waidmannsheil und Waidmannsdank am Kadaver fast handzahmer Tiere.

An Kanonenfutter fehlt es nicht: Jeder Großpark hat pro Jahr und Tierart 40 bis 50 Stück Zuwachs und mehr. Beim Abschuß aber wird das waidmännische Ritual gewahrt, wie unlängst in Bork in Westfalen, wo man direkt neben einem Obsthof einen Hochsitz errichtete, damit ein aus dem Fuldaer Raum angereister Jäger die Schaufeln eines beim Haus eingegatterten Damhirsches erbeuten konnte.

Der schleswig-holsteinische Landesforstmeister Dr. Rüdiger Schwarz, der als Motor des Trappenkamp-Projekts galt, ist Autor des Buches *Jagen, mein Leben.* Aber in Norddeutschland, so ließ ich mir sagen, macht das Jagdestablishment feine Unterschiede zwischen einem Jäger und einem bloßen Jagdscheininhaber, und die kleinen Gatterherren hängt man (das Hamburger Jagdblatt *Wild und Hund* protestierte gegen den Damhirschmord), mit den großen richtet man Drive-in-Parks ein.

Wissen sie wirklich nicht, daß in diesen Parks der Rothirsch, die heilige Kuh der deutschen Jagd, durch Austausch innerhalb der Betriebe oft genug als domestizierte Karikatur seiner freilebenden Vettern schon angeliefert wird? Zoodirektoren wie Dr. Heinz-Georg Klös, Berlin, bezeichnen die Drive-in-Parks jeglicher Richtung im Gespräch auch als «die Abfalleimer der zoologischen Gärten».

Wildbiologen wie Dr. Wolfgang Schröder, München, warnen vor den verheerenden genetischen Folgen, die dem heimischen Wildbestand durch Kreuzung mit wahllos in Europa zusammengekauften, an die ortsspezifische Natur nicht angepaßten Gattertieren drohen, wenn diese durch allfällige Sturmschäden an Zäunen auskommen.

Aber die schleswig-holsteinischen Gralshüter deutscher Waidgerechtigkeit, unter deren Augen bald an die 100 Privatgatter heranwuchsen, wollen nun auch ihrer Obrigkeit bei deren Bemühungen ums seelische Wohl der Autofahrergesellschaft nichts Ernstliches in den Weg legen.

Der für dieses Bundesland zuständige Landesjagdverband ließ mich durch seinen Geschäftsführer, den Wildmeister Hans Behnke, wissen, man wünsche «nicht hineingezogen zu werden». Man schrieb dem in Sachen Trappenkamp federführenden Kieler Ministerium einen nur leicht stirnrunzelnden Gefälligkeitsbrief und beschränkte die waidgerechte Opposition auf den beachtlichen Rat, die zu erwartenden Menschenmassen statt mit Autos mit Pferdefuhrwerken in den Wald zu karren. Alte Hasen wissen schon: Eben jenes Kieler Forstministerium, das den Drive-in-Park Trappenkamp forciert, verteilt auch als Oberste Jagdbehörde die zweckgebundenen Mittel aus dem Jagdscheingebühren-Aufkommen von jährlich 300000 Mark.

Der Kieler Gutachter Professor Rabe weiß für das Beharren der Forstbehörden auf dem Projekt Trappenkamp einen biologischen Grund: «Dem Ökologen drängt sich hier wieder eine alte Erfahrung auf: Je größer der Überbesatz etwa mit Hirschen, Böcken und Sauen auf einem gegebenen Raum ist, um so nachteiliger wirkt sich das auf die Natur aus. Und es gibt in der Bundesrepublik kein Land, das mit Landforstmeistern so überbesetzt wäre wie Schleswig-Holstein.»

Wie auch immer: Solange die Kieler Ministerialbürokratie aus Gründen, die nur sie allein versteht, festhält an der Horror-Vorstellung von endlosen Autoschlangen, die im ersten, abgasreichsten Fahrgang durch den Wald kriechen zum alleinigen Zweck, das normalerweise scheueste Großwild unserer Wälder für Menschenmassen anschaubar zu machen, solange lohnt das Reden nicht mit diesen Beamten.

Sie mögen das Eifel-Modell in Trappenkamp modifizieren, wie immer sie wollen, das Projekt bleibt im zoologisch-ethologischen Kern ein unnatürliches Unterfangen. Wer Menschen mit dem Automobil auf die Pirsch schickt, zum Schutz nicht des Lebens, wie unter den Raubtieren Afrikas, sondern allein zur Schonung der Füße, der pervertiert Mensch und Natur. Von den Tieren nicht zu reden.

Aber wer, außer den Ahnungslosen und den Machtlosen, redet schon, wenn es ums Geld geht, von den Tieren?

Streit um des Kaisers Vogel

Zur Kontroverse zwischen Ornithologen und Falknern um die Ursachen des Wanderfalken-Rückgangs, geschrieben im Auftrag des Hamburger Magazins «stern».

Ein kaum krähengroßer Vogel mit Sichelflügeln, schiefergrauem Rücken und gefleckter weißer Weste, mit krummem Schnabel und ebensolchen Zehen, ein Tier, das in der Bundesrepublik nicht mehr als ein paar hundert Fachleute jemals in Freiheit gesehen haben, ist zum Objekt eines öffentlichen Streits geworden, der bis in die Villa Hammerschmidt des Bundespräsidenten drang. Jene paar hundert Fachleute, Ornithologen und Falkner, tragen sich mit barschen Worten gegenseitig ein gerütteltes Maß Mitschuld daran an, daß *Falco peregrinus*, wie die Akademiker-Kombattanten den Wanderfalken nennen, bie uns so gut wie ausgestorben ist. Durch Aushorstung der Jungvögel für die unzeitgemäßen Zwecke der Falknerei, sagen die Ornithologen. Durch eiersammelnde, fotografierende Ornithologen und touristische Klettermäxe in den Horstfelsen, sagen die Falkner. Ein dritter Hauptschuldiger wird von jenen Zwei-Seelen-Fachleuten genannt, die den Wanderfalken sowohl schützen als auch mit ihm als Beizvogel auf der Faust jagen möchten: DDT und seine Derivate.

In der Tat ist der Rückgang des Wanderfalken, der in ganz Europa, in Asien, in Nordafrika und Nordamerika verbreitet war, weltweit und allein durch menschliche Brutstörungen, wie auch immer, nicht zu erklären. Dünnschalige Eier, die den Vögeln unter dem Leib zerbrechen, Abnahme der Gelege und nicht aufgekommene Bruten sind nicht zu übersehen. Fleischfressende Greifvögel, die wie der Mensch am Ende einer das Gift kumulierenden Nahrungskette stehen, sammeln Konzentrationen davon an, die schwere physiologische Störungen zur Folge haben.

Freilich ist die derzeit populäre DDT-Arie, wenn man sie nur laut genug singt, auch trefflich geeignet, von den eigenen Sünden abzulenken. Und so spottet denn auch Henry Makowsky, der Naturschutzbeauftragte der Hansestadt Hamburg, über jene Falkner und Eiersammler, die verbreiten, man brauche heutzutage einen toten Greifvogel nur anzuschneiden – schon rinne einem das DDT entgegen, und

Greifvogeleier seien die reinsten «Giftcocktails».

Die Arbeitsgemeinschaft Wanderfalkenschutz in Baden-Württemberg gar, die unlängst in Form einer Sünden-Dokumentation den großen Hund gegen die deutsche Falknerei von der Leine ließ, will gleich gar nichts wissen vom Falkenmörder DDT. Zumindest in ihrem Bundesland konnte sie eine Verseuchung der kargen Greifvogelbestände mit Pestiziden nach Rückstandsanalysen nicht bestätigt finden. Indem sie seit Jahren jeden Wanderfolkenhorst wie eine vielbegehrte Geliebte rund um die Uhr bewacht, hat sie, so sagt sie, den Wanderfalkenbestand in ihrem Bundesland in den letzten fünf Jahren sogar leicht anheben können – was einer ornithologischen Sensation gleichkommt, galt der Wanderfalke doch bereits als unrettbar. Und die streitbaren Schwaben sagen auch dies: Wer der deutschen Falknerei ihre häufigen Bekenntnisse zum Greifvogelschutz noch abnehme, der mache den eigentlichen Sündenbock zum Tiergärtner.

Es gibt um die sechshundert organisierte Falkner in der Bundesrepublik. Sie sind in zwei «Orden» zusammengeschlossen. Ihre Vorstände nennen sich «Ordensmeister» oder «Großkomtur». Sie haben «Gaumeister», «Habichtsmeister» und «Falkenmeister», «Habichtler» und «Falkner». Ihre Fachsprache ist esoterischer als die der Jäger. Sie handhaben Geräte, die Museumsvitrinen entnommen zu sein scheinen. Ihr Traditionsbewußtsein ist stark entwickelt, und eine feste Burg ist manchen das liebste Domizil. Ihre Beizvögel tragen oft mythologisch schmeckende Namen wie Baldur oder Blitz, Leif oder Medusa, doch gebietet es die Wahrheit, zu sagen, daß auch «Justav» vorkommt.

Und natürlich haben die Falkner einen Ordensheiligen. Es ist der apulische Staufer Friedrich II., ein Enkel Barbarossas, König von Sizilien und Jerusalem, römischer Kaiser deutscher Nation, der in der ersten Hälfte des 13. Jahrhunderts als *stupor mundi*, als «Hammer und Staunen der Welt», drei Päpste verschliß, nebst ebenso vielen Bannflüchen und Ehefrauen. Ein paar tausend Edelfalken und Reiher nicht zu vergessen. Er schrieb ein hochberühmtes Buch, das man zur Weltliteratur rechnet und in dem er sogar den Zoologen Aristoteles rüffelte: *De arte venandi cum avibus.* Über die Kunst, mit Vögeln zu jagen. Es ist die noch heute brauchbare Betriebsanweisung für die Falkner, wenn sie auch nicht mehr, wie Kaiser Friedrich, ihren frisch gefangenen Vögeln zur Beruhigung vorübergehend die Augenlider vernähen.

Nicht selten sind auch die kleinen Kaiser Friedriche von heute literarisch interessiert. Ein Schöngeist namens Warlies gründete 1951 im Schwarzwald den ersten deutschen Nachkriegsfalkenhof und löste damit einen schaustellerischen Greifvogelboom aus, der heute auch die seriöse Falknerei in den Abgrund ihrer Unzeitgemäßheit zu reißen droht. Auch zeigen die Falkner ihr Handwerk gern in bunten Filmen vor, und die liebste Musik dazu erklingt ihnen aus dem Jagdhorn oder aus dem Cembalo.

Zu einem dieser Falknereifilme und seinen waldesrauschenden Cembaloklängen lieferten die Falkenschützer aus Württemberg die große Pauke nach. Ordensfalkner Theo Kubiak hatte 1968 dem ARD-Fernsehsender Bremen einen stimmungsvollen Farbfilm verkauft: «Ritter der Lüfte», in dem viel Edles über die Beizjagd zu sehen und zu hören war. Hauptakteur und Ritter mit der ledernen Faust in Kubiaks Streifen war Dieter Rosenkranz, Kellner aus Bad Salzuflen und Kubiaks Ordensbruder im «Orden Deutscher Fakoniere» (ODF). Von Rosenkranz wußte die Arbeitsgemeinschaft Wanderfalkenschutz nun zu berichten, daß er im Frühjahr 1970 beim Zoll registriert wurde, als er mit sieben europäischen Wanderfalken im Reisegepäck nach Kanada auswanderte – eine horrende Zahl, wenn man bedenkt, daß in Norddeutschland kein einziger Wanderfalke mehr frei fliegt. Und aus der neuen Heimat dieses Ritters ohne Furcht, wenn auch mitnichten ohne Tadel, kam wenige Monate später schon die Kunde, man habe ihn beim illegalen Aushorsten von Gerfalken erwischt und ins Gefängnis gesteckt.

Theo Kubiaks Streifen wurde nicht nur davor, im Januar 1970, sondern auch danach, im Januar 1971, als Wiederholung gesendet. «Ein typisches Beispiel», wettern die Schwaben, «wie die arglose Öffentlichkeit mit schönen Bildern und Reden zu gewinnen versucht wird, während die rauhe Wirklichkeit, zum Beispiel die Beschaffung der Vögel, unerwähnt bleibt.»

Wie diese Beschaffung oft vor sich geht, ist einem Urteil des Amtsgerichts Holzminden vom 19. Juni 1969 zu entnehmen. An einem Maientag des Jahres 1968 wurden im Weserbergland zeltende Naturfreunde durch das Geschrei zweier Altvögel auf zwei Männer aufmerksam, von denen der eine den andern in Bergsteigermanier zu einem Greifvogelhorst in einer Felswand abseilte. Es war der letzte bekannte Wanderfalkenbrutplatz in Norddeutschland.

Während die Camper zur Polizei liefen, verschwanden die beiden halbflüggen Falkenjungen in einem Pappkarton und anschließend die beiden Nesträuber in einem Auto, dessen Nummer allerdings die Polizei notieren konnte. Initiator des Raubzugs war ODF-Falkner Göke. Er bekam acht Monate Gefängnis, die jedoch zur Bewährung ausgesetzt wurden. 2000 Mark Geldstrafe mußte er indessen zahlen – den Preis, der für zwei Wanderfalken auf dem schwarzen Vogelmarkt etwa bezahlt wird.

Die beiden kleinen Falken hatte man in einer Garage sicherstellen können. Ein Versuch, sie den Altvögeln wiederzugeben, scheiterte. Die Eltern hatten den Fütterinstinkt inzwischen eingebüßt und vertrieben die Jungen aus dem Horst. «Über das weitere Schicksal der Jungfalken ist nichts mehr bekannt geworden», heißt es im Gerichtsurteil. «Die Alttiere haben den Horst verlassen.» In Norddeutschland war damit der Wanderfalke ausgestorben.

Im Jahrbuch 1969 des «Deutschen Falkenordens» (DFO) wurde dieses nestbeschmutzende Urteil in voller Länge veröffentlicht: Falkner Göke gehörte zum Konkurrenz-Orden Deutscher Falkoniere (ODF). Von schwarzen Schafen aus dem eigenen Stall las man nichts, obwohl die Greifvogelschützer etliche Namen anzubieten haben. Ordenspoet Kos schmiedete statt dessen zehn Seiten weiter hinten unter der Rubrik «Poesie» und der Überschrift «Wanderfalk – der Letzten einer» traurige Reime: Die Taubenzüchter haben ihn verbannt / und Taub' und Krähe nehmen überhand / und Elster, Star und Häher schwärmen frei, / nicht mehr in Zucht durch wilden Falkenschrei. / Der stolze Jäger weckt der Schießer Zorn. / Gib auf, mein Falk, *den* Kampf hast du verlorn.

Hierin kommt nach Meinung der Wanderfalkenschützer just die «Haltet-den-Dieb!»-Camouflage der Falkner zum Ausdruck, die stets auch auf Taubenzüchter und Jäger verweist, wenn die Dezimierung der Wanderfalken zur Sprache kommt. Daran ist richtig, daß die Taubenzüchter im Wanderfalken ihren ärgsten Feind sehen, denn weniges frißt dieser Großfalke lieber als zarte Taubenbrust. Und so war denn der Kohlenpott, an dessen Luft die ungezählten Tauben der Kumpel weitaus das Beste sind, selbst für den Wanderfalken noch niemals eine gesunde Gegend. Richtig ist auch, daß lange Zeit die Jäger auf alles anlegten, was einen krummen Schnabel hatte. Zwar kennen sie ihre Rehböcke am Husten schon auseinander, aber einen harmlosen, mäusevertilgenden Bussard von einem Habicht zu unterscheiden, der ihre liebste Zielscheibe, den Fasan, gern jagt, das macht sehr vielen von ihnen bis heute die größte Mühe.

Doch während in Süddeutschland in den letzten Jahren keine Übergriffe seitens der Taubenzüchter mehr beobachtet wurden, und Schießer nur noch zwei Verluste verursachten (wobei es sich um die Taten eines Sportschützen und eines Unbekannten handelte), müssen die Greifvogelschützer einen schier unglaublichen Aufwand gegen Nestplünderer betreiben. Um die letzten Wanderfalkenhorste der Bundesrepublik, etwa siebzig, vor ihnen zu schützen, wenden Lehrer und Studenten, Mönche und Ingenieure, Arbeiter und – die Vogelschützer sagen es zur Zeit nicht gern so laut – auch Falkner pro Horst tausend und mehr Stunden rund um die Uhr auf. Sie errichten im großen Umkreis um die Nistplätze Zäune und verstecken an den Einstiegstellen Mikrophone, deren Leitungen zu Lautsprechern in ihren Zelten führen. Auch seiften sie Kletterwände schon mit Schmierseife ein. Sie nehmen ihren Jahresurlaub dafür, und niemand erstattet ihnen die Spesen. So schafften sie es, daß aus Horsten, die seit Jahren keine Jungfalken mehr hergaben, obwohl etliche darin geschlüpft waren, wieder Wanderfalkennachwuchs fliegt.

Oberlehrer Hans Martin Gaeng, der einen Nordschwarzwälder Horst bewacht, welcher jahrelang von Falknern oder auf ihre Rechnung ausgeplündert worden war, sagt: «Mehrmals konnten wir, teils zu ungewöhnlicher Tageszeit, ‹harmlose› Spaziergänger stellen, die nach unseren Wanderfalken Ausschau hielten. Sie hatten zum Teil stundenlange Autofahrten unternommen, um ausgerechnet bei uns, morgens um vier, spazierenzugehen.» Wäre die Luft rein gewesen, meint Gaeng, dann hätten die jungen Falken wiederum den Weg in ein privates Falkenhaus angetreten.

Dr. Georg Sperber, Oberforstmeister, Forstamtsleiter im Steigerwald und Ex-Gaumeister im Deutschen Falkenorden, glaubt freilich, auch noch etwas anderes als der Schweiß der Edelfalkenschützer in der Luft um deutsche Falkenhorste schnuppern zu können: Hilfspolizisten-Hysterie. «Wenn ich mich auch nur in der Nähe eines bewachten Horstes blicken lassen, kann ich sicher sein, daß meine Autonummer identifiziert und mein Privatstatus als Falkner festgestellt wird. Womit für die Bewacher der Fall klar ist: Der Sperber wollte einen

Falken!»

Nun kenne ich den Dr. Sperber seit langem schon als einen honorigen Mann, der mit seinem wissenschaftlich fundierten Greifvogelwissen, das er oft genug publizierte, mit Sicherheit ganze Bewachermannschaften in den Schatten stellt, und Leute seines seriösen Schlages sind in der organisierten Falknerei ganz und gar keine Ausnahme. Der Greifvogelschutz sollte zumindest diese Männer auch wohl mehr an ihren Taten messen, statt nur an ihren Worten, um die sie als deutsche Vereinsmenschen nicht immer herumkommen.

Da ist der Fall des «Ordensmeisters» Dr. Heinz Brüll (DFO), den die Wanderfalkenschützer heftig schelten, weil er in einem seiner Bücher seinen Stolz durchblicken ließ auf die Jagdkünste von fünf sizilianischen Falken, die in seinem Orden als Beizvögel fliegen. Italien verbietet die Ausfuhr dieser Tiere. Daß derselbe Dr. Brüll unter nicht geringen Opfern den erfolgreichen Wachschutz um die letzten fünf Seeadlerhorste seiner norddeutschen Heimat aufzog, gegen DDT und ornithologisch interessierte Eiersammler, an deren Börsen ein Adlerei mit 600 Mark gehandelt wird, davon erfuhr [Ex]-Bundespräsident Dr. Gustav Heinemann, ein Empfänger der Wanderfalkenschützer-Dokumentation, damals nichts. Nichts auch erfuhren die Empfänger dieser Philippika von den wissenschaftlich ernst zu nehmenden und erfolgversprechenden Versuchen einiger Falkner-Veterinäre mit der künstlichen Besamung von Wanderfalken und den erfolgreichen Brutversuchen mit gefangenen Rothalsfalken. Auch daß der Deutsche Falkenorden zwischen den Jahren 1945 bis 1971 ausweislich seiner Bücher 2622 von Jägern und Fängern erbeutete Greifvögel, die seinen Mitgliedern angeboten wurden, kaufte, atzte, von Tierärzten versorgen ließ und in die Freiheit zurückführte, für 62286 Mark und 30 Pfennig Unkosten – auch davon steht nichts in der Dokumentation der Greifvogelschützer. «Immer wieder», klagt Ein-Habicht-Halter Dr. Sperber, «hauen sie uns dieselben alten Namen von Falkenräubern öffentlich um die Ohren, von Leuten, die wir längst hinausgeworfen haben.»

In der Tat haben einige Namen aus der Welt der deutschen Greifvogelfreunde einen fatalen Klang, vor allem bei den Italienern, denen die Proteste deutscher Singvogelschützer ja bestens in den Ohren klingen. Fangexpeditionen deutscher Falkner, in früheren Jahren mit, später ohne Billigung der Orden, suchten mit alpinen Ausrüstungen und tragbaren Brutschränken Falkenbiotope auch in Skandinavien und auf dem Balkan, in Frankreich, in der Schweiz und auf kleinen Mittelmeerinseln heim. Selbst Nordafrika ist vor ihnen nicht mehr sicher. Bei einem einzigen Kontaktmann in Marokko lagen immerhin Bestellungen deutscher Greifvogelliebhaber auf 25 Wanderfalken und 12 Feldeggsfalken vor.

Da in der organisierten deutschen Falknerei der Wanderfalke als Beizvogel weit hinter dem Habicht rangiert (die ca. 500 Mitglieder des Deutschen Falkenordens, des weitaus größeren der beiden Organisationen, fliegen 155 Habichte und 23 Wanderfalken, die alle zwischen zwei und fünfzehn Jahre alt sind), fragt man sich, wohin die großen Stückzahlen geraubter Edelfalken gehen.

Sie gehen zumeist in die sogenannte «wilde» Falknerei, die ein Produkt unserer Wohlstandsgesellschaft ist. «Geben Sie Ihrer Jagd einen fürstlichen Anstrich. Eröffnen und beenden Sie Ihre Jagd mit einer Beizjagd.» So inserierte ein Auch-Falkner («logischerweise Jäger durch und durch») in Deutschlands größter Jagdzeitschrift *Wild und Hund.* Und wer den kalkigen Kot dieser Vögel auf seinem echt englischen Rasen so gern nicht hat, gleichwohl aber auf einen bismarckisch dreinblickenden Greif im altdeutsch dekorierten Heim nicht verzichten möchte, der wird hier ebenfalls gut bedient: «Zoologische Frischpräparate aus laufender Fertigung. Besichtigen Sie unseren Großraumladen. Einmalig in Deutschland.» So inseriert laufend die Firma Ratjen und Sohn in Kellinghusen bei Hamburg. Der ausgestopfte Gerfalk kostet bei ihr 600 Mark, der Steinadler 900. «Weitere 300 Stück fertig auf Lager.» Freilich ist auch anderes Getier darunter, zum Beispiel ein Altdeutscher Schäferhund (400).

Und Ratjen ist beileibe nicht der einzige, der deutschen Menschen, die es in ihrem hochtechnisierten Leben zu was gebracht haben, das letzte bißchen Natur ausgestopft ins Heim liefert. Zwar steht an den Etablissements mancher Präparatoren, daß sie nur verendete Greifvögel annehmen, doch fragt der Besucher sich, wozu sie dann Käfige hinterm Haus haben, wo es eine Großraumkühltruhe doch eigentlich täte.

So richtig in Schwung aber brachte den Greifvogelhandel erst eine moderne Variante des früheren bürgerlichen Privatzoos: der Falkenhof. Idealisten, aber auch abenteuerliche Existenzen sahen den Gründern der ersten Falkenhöfe das Handwerk ab und ihrem willig zahlenden Publikum die naive Begeisterung während der Schauflüge an. So stiegen sie ein in ein ausuferndes Geschäft, das mit den letzten Naturdenkmälern private Geschäfte betreibt. Noch bevor die Vögel ein Dach über dem Kopf haben, steht nicht selten schon das Kassenhäuschen, und es wurden längst in der Bundesrepublik nicht nur die Greifvögel, es werden auch die geeigneten Burgen schon knapp.

Mittelalterliche Kneipenromantik hilft der Kasse des «Burgherrn» weiter auf: «Erleben Sie *Das Ritterliche Mahl* nach den Tischzuchten des 15. Jahrhunderts mit zeigenössischer Tafelmusik fahrender Spielleute und Minnesänger. Sonderprospekt anfordern. Erste Deutsche Greifvogelwarte Claus Fentzloff, Burg Guttenberg.» Fentzloff, der an die hundert Vögel hält, blitzsauber freilich und kunstgerecht, nannte sich «Einzige anerkannte Greifvogelschutzstation in Baden-Württemberg». Der Greifvogelschutz fragte in der Heimatpresse öffentlich zurück: «Von wem ist er anerkannt, wer hätte überhaupt das Recht dazu? Muß er die erwähnten 100 Greifvögel, darunter allein 12 Geier und 20 Adler, auch ‹retten›? Wurden sie etwa eingeliefert, hat er sie gefunden? Wo wurden sie der freien Wildbahn entnommen, bevor er sie kaufte? Es gibt gegenwärtig in der Bundesrepublik nur 5 Paare Seeadler und etwa 15 Paare Steinadler.»

Anderswo stehen die Vögel, nicht selten bis zum Stumpfsinn angebunden, im eigenen Kot herum. Staatsanwälte, die jedem verjährten oder fiktiven abgetriebenen Vierwochen-Fötus hinterdreinfahnden, schauen naiv über die Qual vogelfreier Tiere hinweg, wenn einer dieser Hofbesitzer angezeigt wird, wie es Dr. Sperber mit meinem Namensvetter E. G. Stern, Herr auf «Frankens größtem Falkenhof» bei Bad Kissingen, machte.

Überhaupt hat das Gesetz die Greifvögel bis heute im Stich gelassen. Sie stehen nicht einmal generell und überall unter Naturschutz, sondern als «jagdbares Wild» nur unter Jagdschutz. Erst unlängst haben einige Bundesländer allen Greifen ganzjährig Schonzeit gewährt, auf Widerruf und mit Ausnahmemöglichkeiten für seriöse Beizzwecke. Einmal im Haus oder im Handel, sind die Tiere noch heute weitgehend vogelfrei.

Vom Deutschen Jagdschutzverband und vom Deutschen Falkenorden ist ein einziger Falkenhof anerkannt: der «Deutsche Falkenhof Kranichstein». Daß es darüber hinaus noch ein paar ganz wenige gut geführte Falkenhöfe gibt, kann nicht darüber hinwegtäuschen, daß alle diese Institutionen mit ihrem Kostümgehabe und ihrer reißerischen Werbung der zoologischen Schaustellung verwandter sind als der ornithologischen Wissenschaft, der zu dienen sie stets vorgeben. Es ist keine Prophezeiung mehr, sondern Gewißheit: Diese Unternehmen sind der Ruin der Falknerei, eines uralten Kulturhandwerks, das den Untergang in der Pseudoromantik oder im Kot der Falkenhöfe nicht verdient hat.

Die Tiere . . .

. . . machen es den Menschen mitunter vor, was «vernünftiges» Verhalten sei. Doch gibt's auch in der Tierwelt solche und solche. Die (menschlich betrachtet) liederliche Zikade denkt nicht im entferntesten daran, für Notzeiten vorzusorgen, während das (natürlich kluge) Eichhörnchen sogar für menschliche Vorratsaktionen Pate stehen darf.

Was aber soll man von dem Degu (Octodon degus) halten, der ungeheure Speicherkammern füllt, obwohl er (in Peru) in so mildem Klima lebt, daß er Hunger nicht kennt und seine Vorräte nie im Leben aufbraucht? Ist er nicht (menschlich betrachtet) recht menschlich?

Was ist an der Naturwissenschaft noch natürlich?

Eine Rede vor den Preisträgern des Wettbewerbs «Jugend forscht», zu Fragen der Spezialisierung in der Wissenschaft mit der Folge einer Verarmung naturwissenschaftlicher Allgemeinbildung (1973 in Paderborn).

Es ist schon ein paar Jahre her, das Datum tut hier nichts zur Sache, da hatte ich in der Eiszeit zu tun. Die Stuttgarter Zeitschrift *Kosmos* hatte mich in die Antarktis geschickt, weil ihr naturwissenschaftlich engagierter Verleger, als er 1967 Wernher von Braun die Bölsche-Medaille verlieh, vom Vater der Mondraketen gesprächsweise erfahren hatte, es gäbe in der Antarktis eine Diptera-Art, ein zweiflügeliges Insekt also, das in einem Schulbeispiel von evolutiver Anpassung an den sturmreichsten Kontinent der Erde die hier nutzlosen Flügel zurückbildete.

Die Reise war eine verlegerische 15 000-Mark-Idee, denn Neckermann machte sie damals noch nicht möglich. Aber wie wir alle wissen, lassen Verleger und auch Chefredakteure es sich etwas kosten, wenn es gilt, die Früchte der Wissenschaft unters Volk zu bringen, denn der Zeitschriften lesende Mensch lebt zum Glück für uns Wissenschaftsbeflissene nicht vom Fleisch allein.

Ich kehrte mit einem Sack voll erstaunlicher Fakten aus der Eiszeit zurück, mit Beobachtungen auch, von denen eine mir hier deshalb erzählenswert vorkommt, weil sie ein Licht wirft auf meine zunächst dunkel erscheinende, rein rhetorisch anmutende Thema-Frage, was heute an der Naturwissenschaft noch natürlich sei.

Irgendwo auf der antarktischen Palmer-Halbinsel, die sich auf einem Globus ausnimmt wie das vom südamerikanischen Landkörper losgerissene geologische Steißbein der Anden-Wirbelsäule, irgendwo auf Palmer also traf ich auf eine gottverlassene Feldstation nordamerikanischer Botaniker. Sie hausten nicht ohne Komfort in einer wohnlichen Baracke, und auch ihren Studien oblagen sie keineswegs mit Lupe, Botanisiertrommel und dem alten Schmeil unterm Arm. Vielmehr hatten sie im Moränenschutt dieser antarktischen Urlandschaft das ganze zentnerschwere elektronische Zeug aufgebaut, ohne das es ein rechter Wissenschaftler heute kaum mehr tut. Nur von ein paar Skua-Möwen bestaunt, standen sie hier also herum, die Gaschromatographen, die so kompliziert waren, daß sie zum regelmäßigen Kundendienst jährlich mit Eisbrecher und Flugzeug über Neuseeland nach Kalifornien zurückgeschickt werden mußten; die Stromaggregate, die Lochkartenschreiber und die EDV-Anlagen, bedient von hochqualifizierten Spezialisten, denen es nach eigenem Eingeständnis schwerfiel, zu Hause, in Nordamerika, Weizen von Hafer zu unterscheiden.

Ich verstehe nicht viel davon, doch schätze ich, daß dieser elektronische Geräteaufwand, seine Bedienung und sein Unterhalt, in die Hunderttausende ging. Und all dies galt einem schlichten Moos namens Neuropagon. Man hatte ein paar Büschel von den Steinen geklaubt, auf denen Neuropagon sich festkrallt, und sie in einen nachttopfgroßen Tiegel gegeben, den ein Glasdeckel luftdicht abschloß. Die antarktische Sommersonne entzog dem Moos nun durch Aufheizung des Tiegelinneren flüchtige Stoffe, die von den Sensoren im Tiegel aufgespürt und über vielfarbige Nervendrähte an Apparaturen weitergeleitet wurden, die sie zerlegten und chemisch deuteten. Lochkarten wurden mit dem Ergebnis beschickt, ein Computer damit gefüttert und das schließlich herausratternde Band per Hubschrauber, Eisbrecher und Flugzeug nach Washington geschickt, wo es einem Obercomputer einverleibt wurde, der dann, beispielsweise, zu sagen wußte, ob Neuropagon wohl geeignet sei, einen armen in der Antarktis verirrten Schaf von Forscher als Überlebensnahrung zu dienen.

Mir kam dies ziemlich akademisch vor auf einem Kontinent, auf dem seit Shackleton und Scott meines Wissens niemand mehr den Hungertod gestorben war – doppelt akademisch, weil ich kurz zuvor von den Botanikern mit Schildkrötensuppe, Lendensteak und Apfelkuchen bewirtet worden war. Und so fragte ich den Stationsvorsteher nach einem etwas lebensnäheren Zweck dieser aufwendigen Forschung. Er zuckte mit den Schultern. Aber dann fiel ihm etwas ein. Am Ärmel zog er mich in die Barackenunterkunft, wo neben der Ankündigung, daß im Speisesaal heute abend der Film *Doktor Schiwago* gezeigt werde, das fast lebensgroße Faltbild einer nackten Dame hing, die sich mit hocherhobenen Armen als verführerische

Schlange gab. An den drei Körperstellen, an denen – abgesehen vom Kopf – das geschlechtsreife Weibchen von homo sapiens dichten Haarwuchs aufzuweisen pflegt, hatten die seriösen Botaniker zwecks unmoralischer Aufrüstung der papierenen weiblichen Anatomie das Moos Neuropagon hingeklebt. Und das, so wurde ich von ihnen nicht unernst belehrt, sei das weitaus Befriedigendste, das die Forschung des Computer-Teams an diesem Moos bislang, und das hieß in vier Monaten, ergeben habe.

Nun kann man in Paderborn* ganz unmöglich gegen Computer sein (und schon gar nicht für diese gehäuteten Nacktfalter). Ich habe auch Ernsthafteres im Sinn. Ich möchte aufzeigen, wie sich das ungeheuer kompliziert gewordene technische und auch geistige Instrumentarium der Naturwissenschaften mehr und mehr zwischen die Studierenden schon und die Objekte ihrer Studien schiebt und ausgerechnet jene der Natur entfremdet, die sich der Natur und der Erforschung ihrer Gesetze verschrieben.

Ich bin nicht naiv genug, im Zeitalter der Einsteins und Heisenbergs, der Elektronenmikroskope und Computer nach der Renaissance eines romantischen Forscherideals zu rufen. Ich weiß natürlich, daß Charles Darwin wohl der letzte große Wissenschaftler war, der allein mit den Augen und der gedanklichen Reflexion des Gesehenen der Natur ihre elementaren Gesetze abfragen konnte. Wir wissen heute zuviel. Um die Maus einer kleinen, wirklich neuen Erkenntnis zu gebären, muß in jedem Fachbereich der ungeheure Berg des längst Gedachten, längst Beschriebenen kreißen. Das geistige Plateau, auf dem Wissenschaft heute überhaupt erst beginnt, ist hoch. Schon die wissenschaftlich interessierte Jugend liefert heute nicht gar so selten respektable Antworten zu Problemstellungen, für die die Generation ihrer Väter und Großväter häufig noch nicht einmal die Fragen zu formulieren imstande war.

Aber diese Antworten der forschenden Jugend, von den Arbeiten der Vollwissenschaftler nicht zu reden, entfernen sich erschreckend oft in der Esoterik ihrer wissenschaftlich überzogenen Sprache vom Vokabular selbst einschlägig vorgebildeter Laien im gleichen Maße, wie sich ihre Verfasser – fürchte ich – von einem mehr aufs Anschauliche gerichteten Naturverständnis entfernen, und das bis hin zur Unfä-

* Paderborn ist Sitz eines Computerherstellers und eines Bischofs.

higkeit, Natur noch mit den Sinnen aufzunehmen. Von seelischer Rezeption wage ich nicht mehr zu sprechen.

Ein Blick in die insgesamt imposante Themenübersicht dieses Wettbewerbs macht deutlich, was ich meine. Da liest man, beispielsweise, von Untersuchungen zur Induktion der Chlorophyllsynthese bei kernhaltigen und kernlosen Acetabularien. Von der elektrophoretischen, vergleichenden Analyse der Stoffwechselprodukte von Pseudomonaden, die Herr Grzimek in seinem *Tierleben* in schrecklicher Vereinfachung schlicht «Darmbakterien im ungarischen Blutegel» nennt. Ferner liest man über Borderline-Mechanismen bei aliphatischen Sn-Reaktionen. Weiter von der 4. Koordinate in der 3-D-Projektion eines 4-D-Würfels. Und sogar von der Petrogenese der carbonatischen Septarien im Haupt-Acanthodenlager. Woraus die Druckerei, was ich ihr nicht verüble, ein «Thodeslager» machte. Woher kann sie wissen, daß Acanthoden die wohl ältesten kiefertragenden Wirbeltiere waren?

Doch ist ein Fortschritt der Wissenschaft insgesamt in Richtung auf mehr Allgemeinverständlichkeit nicht zu übersehen: Während bis ins Mittelalter hinein Latein ausschließlich die Sprache der Wissenschaft war, erreicht der Anteil an deutschen Wörtern heute mitunter schon 30–40 Prozent.

Ich kenne und respektiere den Einwand, daß oft nur der wissenschaftliche Name ein Objekt präzis aus der Flut seiner möglichen Varianten heraushebt. Die Forderung nach sprachlichem Purismus wäre hier in der Tat kindisch. Dennoch ist nicht zu übersehen, daß viele Wissenschaftler sich mit einer unverständlichen Geheimsprache schmücken wie mit elitären Adelsprädikaten. Ich habe Zoologen erlebt, die im Gespräch mit Laien nach dem nonchalanten Gebrauch etwa der Tierbezeichnung *sus scrofa* so gekonnt stotternd wie ein Deutsch-Amerikaner, der nach Jahren in seine alte Heimat zurückkehrt, nach dem schönen deutschen Wort Wildsau suchten.

In diesem elitären Brahmanentum, das der Wissenschaft als einer volksfremden Rühr-mich-nicht-an-Kaste von jeher nicht nur sprachlich nachzusagen ist, vermute ich die Teil-Ursache eines Phänomens, das der wissenschaftlichen Untersuchung würdig wäre. Ich meine die unleugbare Tatsache, daß zu einer Zeit, in der menschliches Naturverständnis mit der Spitze einer riesenhaften Wissenspyramide im wahrsten Wortsinn an die Sterne stößt, die große Masse der Menschen (und durchaus nicht nur die der ganz bildungslosen) daran keinen nennenswerten Anteil hat.

Der Nachweis fällt nicht schwer, und ich habe es bei meiner Fernseharbeit oft genug erfahren, daß Millionen von Menschen im 20. Jahrhundert offenen Mundes naturwissenschaftlichen Fakten lauschen, die schon für den italienischen Staufer Friedrich II. im 13. Jahrhundert ein alter Hut waren. Ich erwähne hier nur die Unfähigkeit der Geier, das Aas zu riechen, bei dem sie sich aus einem eben noch leeren Himmel heraus massenhaft versammeln; ferner den mit Aerodynamik statt mit Führereigenschaften zusammenhängenden Wechsel an der Spitze einer in V-Formation fliegenden Gänsegruppe; dann das Kaspar-Hauser-Phänomen im Menschenversuch. Und das gesetzliche Verbot, Flüsse und Seen als die Trinkwasserspeicher der Menschen mit Unrat zu belasten – bei Vermeidung von einem Jahr Zwangsarbeit in Ketten: dies Wort in Herrn Genschers * Ohr!

Das sokratische «Ich weiß, daß ich nichts weiß» hat für das menschliche Individuum nichts an Gültigkeit verloren. Was der Einzelmensch heute weiß, das weiß er außerhalb seiner engbegrenzten Spezialkenntnisse ganz überwiegend kollektiv. Man ist versucht, an eine Arbeitsbiene zu denken, die nur in einem Volk von 50000 Bienen sozusagen weiß, daß die Winkelsumme der Wabenzelle, an der sie baut, 720 Grad beträgt. Als geistiges Kollektiv hat sich die Menschheit die Geheimnisse der Natur in einer so unerhörten Weise erklärt, daß sie sie nun in ebenso unerhörter Weise zu manipulieren beginnt. Als Individuum aber wird ein jeder von uns vor dem Angesicht der Natur zu einem Nichtswisser, den jeder kleine Spaziergang außerhalb der Städte einer ungeheuren Ahnungslosigkeit überführt. Schon die Betrachtung eines einzigen Quadratmeters Wiese stürzt gerade den intelligenten, zur Beobachtung fähigen Menschen in die Verzweiflung von tausend Fragen, zu denen er die Antworten, wenn er nicht zufällig Mikrobiologe ist, allenfalls in seinem Bücherschrank hat. Ich habe Schullehrer der naturwissenschaftlichen Richtung erröten sehen bei der Frage, wie denn, aber genau bitte schön, das Wasser entgegen den Gesetzen der Physik einer 100 m hohen Sequoia zu Kopf steigen kann: Ist das Wurzeldruck, Kohäsion, wächst das Wasser dorthin, oder was? Jeder Schulbub kann uns, die wir uns als

* Hans-Dietrich Genscher war 1973, als diese Rede gehalten wurde, Innenminister der Bundesrepublik Deutschland (Anm. d. Red.).

naturkundig aufspielen, angesichts einer Formation von Prozessionsspinnern in Verlegenheit bringen mit der Frage, wohin die Raupen denn gehen zu ihrer Verpuppung: ins Nest oben im Baum oder in die Erde? Und wenn in die Erde, verpuppen sie sich dort einzeln oder im Sammelkokon? Und wenn einzeln, warum dann diese betont soziale Lebensweise und der Ausflug über Waldwege in Elefantenmanier, Schwanz bei Kopf?

Die harmlose Frage, warum das blaue Ägäische Meer sich unter einem unverändert blauen Himmel bei sommerlichem Meltemi-Sturm schwarz färbt, kann eine ganze gelehrte Studienreisegesellschaft in Verlegenheit versetzen. Aristoteles wußte mehr über das optische Phänomen einer beim Eintritt ins Wasser scheinbar abgeknickten Ankertrosse als die allermeisten heutigen Segler, deren kostspielige Schiffe doch ausweisen, daß ihre Eigner wohl nicht zu den Dümmsten im Land gehören. Dieselbe Verlegenheit bei der Frage, wie es angehen kann, daß eine seismische Welle, die kaum mehr als kniehoch und darum unbemerkt von der Schiffahrt mit Jet-Geschwindigkeit von den Aleuten nach Hawaii rast, dort plötzlich zu einer Masse und einer Wucht aufläuft, die große Frachtschiffe weit landeinwärts wirft. Eine Frage übrigens, in der zwei Dutzend weiterer Fragen stecken, wie immer und überall.

Der Mensch,der unspezialisierte einzelne, muß den Blick nicht zu den Sternen heben, um seiner Sprachlosigkeit vor den meisten Dingen der Naur gewahr zu werden. Ein Blick auf einen armseligen Tümpel genügt, in dem sich – warum? – der Himmel spiegelt; oder auf einen morschen Moorbaum, den das sanfte Moos erwürgte – aber wie?; oder auf eine ordinäre Zecke, die von einem Ast herab anstandslos auf den vorbeilaufenden Hund kommt – aber mit welchen Sinnen? Im Sieb der Schulerinnerungen hängengebliebene grobe Schlagwortkiesel wie Molekularstruktur, Thermotaxis oder Strahlenreflexion, Kinetische Energie oder Refraktion sind kein wirkliches Wissen.

Stimmt also die sarkastische Definition, nach der ein Spezialist ein Mann sei, der von immer weniger immer mehr weiß, bis er schließlich von gar nichts mehr alles weiß? Die Scholastik des Mittelalters geriet in ihrem Bemühen, die Glaubens- und die Wissensdinge, letztlich also Seele und Leib, miteinander zu vereinbaren, auch an die Frage, wie viele Engel denn wohl auf der Spitze einer Nadel tanzen könnten.

Und die moderne Physik hat ihre steilen Gedanken wie Leitern an den Himmel gelehnt und sucht von ihren Höhen aus wieder nach Gott.

Darüber verlor man damals wie heute leicht das Gefühl für das sinnenhafte Leben und für die nötige gesellschaftliche Relevanz, für den menschlichen Bezug jeglicher Forschung. Wissenschaft kann weder nur in der Stille der Klöster noch allein in der Sterilität der Labors leben, ohne sich in den Geruch einer geschlossenen Gesellschaft von gelehrten Finsterlingen zu bringen, die zum Beweis eines genialen Gedankens skrupellos bereit sind, Seele und Leib der Menschen im Experiment zu riskieren. Schon sind Moral und Gewissen der modernen Naturwissenschaftler ins Gerede gekommen – nicht zuletzt auch des Brahmanen-Getues wegen, das viele von ihnen auf jene wenige Kastenmitglieder mit Argwohn, ja, mit fachlicher Herabsetzung reagieren läßt, die die Wissenschaft popularisieren. Und dies muß man der Wissenschaft insgesamt zum Vorwurf machen, daß sie die große Autorität, die Professoren in Deutschland – Tomaten hin, Farbbeutel her – noch immer innehaben, nicht zu nutzen verstehen im Sinne einer argumentativen Beeinflussung der Massenmedien in Richtung auf ein Mehr an Wissensvermittlung. Ein Ditfurth und ein Haber machen noch keinen Sommer. Wären es nicht die Journalisten, die immer wieder Wissenschaft gegen das quallige Ausufern des Nur-Unterhaltsamen in die Druckseiten und in die Programme hineinboxten – wir wüßten alle noch weit weniger als wir ohnehin nur wissen.

Zu solch trüben Gedanken und wenig festlichen Reflexionen, von denen ich hoffe, daß sie nicht als Publikumsbeschimpfung verstanden werden, kommt man, wenn man die Fülle der stark kopflastigen, hochspezialisierten Forschungsthemen dieses Jugendwettbewerbs nachliest. Die Spezialisierung am Anfang eines wissenschaftlichen Lebens schon, die Betrachtung der dinglichen Welt sogleich durch Mikroskop und Teleskop, ja, durch das Brennglas reiner, abstrakter Gedanklichkeit – darin liegt der Keim zu einer neuen lebensfremden Scholastik.

Die Wahrheit gebietet es aber auch zu sagen, daß ich mich öfters erholte bei der Lektüre von Themen, in deren Problemstellung Pennälerwitz aufblitzt, etwa in einer «Untersuchung zum Nikotingehalt des Rauchkondensats bei Änderung der Abrauchbedingungen und Ermittlung der durchschnittlichen Zugpausenlänge bei Schülern des

Gymnasiums Sobernheim». Oder auch beim «Verhalten der Kaninchen unter verschiedenen Erziehungsmethoden».

Inmitten so schwergewichtiger Themen nimmt sich ein ebenfalls zum Wettbewerb angemeldetes Nachdenken «Über die Entstehung des Lebens auf der Erde», oder der ganz unscheinbare Titel «Umwelt – Gedanken über eine bessere Zukunft» wie wissenschaftliche Scharlatanerie aus, während es sich doch in Wahrheit um die unversehrten Fundamente abendländischen Naturdenkens seit der Zeit der Vorsokratiker handelt.

Es liegt mir fern, Sie hier nun auch noch mit den ollen Griechen zu langweilen, wenngleich uns eine gelegentliche Besinnung auf die wissenschaftlichen Anfänge des abendländischen Menschen nicht schaden kann. Daß Leukippos und Demokrit – zwei philosophierende ältere Herren, die die Mittelmeersonne wärmte – die Atome als Bausteine der Welt schon dachten, bevor zweieinhalbtausend Jahre später mit dem technischen Aufwand unseres Jahrhunderts die atomare Struktur der Materie experimentell bewiesen wurde, das macht mir Mut, hier dem Erstgeburtsrecht der menschlichen Sinne vor der denaturierenden Macht des wissenschaftlichen Apparats das Wort zu reden. Und damit bin ich zurückgekehrt zu meinem Hauptthema, der Entfremdung vieler Naturwissenschaftler von der Natur.

Ich weiß, ich muß das konkretisieren, wenn ich hier mehr als ein Achselzucken ernten will. Am besten vermag ich das auf zwei Gebieten, die mir halbwegs vertraut sind: der Forstwissenschaft und der Zoologie. Ich kenne Forststudenten, denen die subtilsten Feinheiten der Forstpflanzengenetik geläufig sind und die an Gaschromatographen so nonchalant hantieren wie unsereiner nicht einmal am Weißbrot-Toaster. Ihren Erläuterungen kann man schon nach dem zweiten Satz nicht mehr folgen, so kompliziert, so gespickt mit spracherbkranken Wortmutationen und angelsächsischen Kürzeln ist das alles.

Hier ließe sich nun süffisant einwenden, was schon Lichtenberg, glaube ich, sagte: daß es nämlich, wenn ein Buch und ein Kopf zusammenstoßen und es hohl klingt, nicht unbedingt am Buch gelegen haben müsse. Ich will also gern eingestehen, daß das Chromosomenzählen meine Stärke nicht ist. Aber wenn ich dann erlebe, daß solche jungen Forstwissenschaftler vor lauter Chromosomen den Baum nicht mehr sehen, geschweige denn den Wald, dann stellt sich mir die Frage nach der menschlichen Tiefe einer solchen wissenschaftlichen Ausbildung.

Ich kann unsere zu 70 und mehr Prozent verfichteten, von früheren Generationen auf schnöden Gelderwerb ausgerichteten Wälder nicht betreten, ohne in depressive Stimmungen zu verfallen. Ihre formative und vegetative Eintönigkeit, die mir aufs Gemüt drückt, ihre ökologische Instabilität, die jeden Biologieverstand beleidigt, wecken in mir die unwiderstehliche Sehnsuch nach lichten, mehrstufigen, ökologisch gesunden Mischwäldern, wie die Natur sie einst schuf und die Bauern sie hier und da noch heute pflegen, indem sie ihre Gehölze nur stammweise statt im Kahlschlag nutzen und das Wild darin ohne jägerisches Pseudo-Ethos mit Bracke und Büchse zum Nutzen einer natürlichen Waldverjüngung schnöde kurzhalten.

Nicht, daß die tüchtigen akademischen Aminosäuerlinge, die ich im Visier habe, dies alles nicht wüßten – es ist ihnen nicht wichtig; sie haben kein Sensorium für die Schönheit, die auch aus der biologischen Gesundheit kommt. Ich habe es erlebt, daß man mir kühl eine Statistik vorhielt, die besagte, daß die Mehrzahl der Bevölkerung einen mehrstufigen ungleichaltrigen Mischwald seiner teilweise winterlichen Blattlosigkeit und seines unordentlichen Wuchses wegen als häßlich empfinde, jedenfalls als lange nicht so schön wie eine gleichaltrige, immergrüne Fichten-Monokultur.

Aber es ist ja längst nichts Neues mehr, daß man auch die Ästhetik schon wissenschaftlich quantifiziert. Ich hoffe nur, man berücksichtigt dabei, daß der im Morast fauliger Gewässer lebende Röhrenwurm Tubifex den Faulschlamm ganz herrlich findet – er kennt nichts anderes, wie halt auch eine Bevölkerung, die von überwiegend verfichteten Wäldern umgeben ist, nicht viel anderes kennt. Das Schönheitsempfinden des Menschen ist stark geprägt von den Bildern seiner unmittelbaren Umgebung. Allenfalls die geographischen Extreme, die Alpen etwa oder der Ozean, schlagen durch auf nahezu jedermanns Gemüt.

Nun ließe sich noch gegenfragen, was uns wohl das ästhetische Waldempfinden dieses oder jenes akademischen Forstmeisters angehe, solange er nur den ökologisch richtigen Wald baut, den ihm die Forsteinrichtungspläne der Ministerien vorschreiben. Aber das wäre schon falsch gefragt, denn es sind eher die altgedienten Ministerialbürokraten, die unter dem Druck des Holzmarktes und dem Zwang zur Rentabilität wider besseres ökologisches Wissen die marktgängige

Fichte hoch und das schwer verkäufliche Laubholz niederhalten. Was der deutsche Wald braucht, das ist die ökologische Opposition junger Forstakademiker. Man trifft sie leider in viel zu wenigen Forsthäusern an. Verbreitetes Karrieredenken und Mangel an einer Leidenschaft, die allein aus einem intakten Landschaftsempfinden – sagen wir es ruhig rundheraus: nur aus der Seele aufsteigen kann, dies beides läßt viele junge Menschen schweigend die Holzwege ihrer Altvorderen gehen.

An einem Vormittag, es war der 13. November 1972, warf ein Jahrhundertsturm zwischen Bremen und Goslar den niedersächsischen Waldbauern 160 Millionen Festmeter eines weithin ökologisch instabilen Waldes vor die Füße – die Holzernte von zehn Jahren in drei Stunden. Es ist wahr: einem 16-Windstärken-Orkan widerstehen auch gesunde Wälder kaum. Aber wir haben auch bei uns so gut wie nie 16 Windstärken. Bei Beaufort 10 und 11 aber sind Mischwälder eindeutig stabiler als die Fichten- und Kiefernmonokulturen. Der säkulare Schaden in Höhe von mehr als einer Milliarde Mark bietet nun aber auch die säkulare Chance zum Aufbau neuer, vegetativ vielseitiger und auch sozialfunktionsfähiger Erholungswälder. Doch schon diskutiert man mit vielen einflußreichen Kontra-Stimmen heftig das eigentlich ganz Selbstverständliche: den Vorrang der Biologie, der Wald- und Menschengesundheit vor der Wirtschaftlichkeit. Es ist noch lange nicht ausgemacht, ob die forstwissenschaftliche Einsicht bei der Wiederaufforstung dieser ungeheuren Windwurfflächen auch siegen wird.*

Und damit wird der Kreis erkennbar, den ich um mein Thema schlage: Es gereichen der Natur die naturfremden Wissenschaftsfunktionäre, die Nur-Programmierer, die Nur-Quantifizierer, die Nur-Gehirne irgendwo irgendwann immer zum Schaden. Um das zu beweisen, brauchen wir nicht einmal in die eisige Denkwelt der modernen Technokraten, der betont unsentimentalen Macher von allem, was heute machbar ist, hinab- oder hinaufzusteigen – ganz wie Sie wollen. Der geistige Anteil solcher Wissenschaftler an den Umwelt-

* Inzwischen schrieb der Landwirtschaftsminister des Landes Nordrhein-Westfalen, Deneke, daß er nach dem Film des Verfassers über diese Windwurf-Katastrophe angeordnet habe, nur noch solche Aufforstungen staatlich zu bezuschussen, die – geeignete Böden vorausgesetzt – einen angemessenen Laubholz-Anteil aufweisen.

problemen der Industrienationen ist so offenkundig, daß es Phosphate nach Konstanz, in den Bodensee, tragen hieße, wollte ich diese Dinge hier vortragen. Ich will meiner, zugegeben, überspitzten Frage, was an den modernen Naturwissenschaften noch natürlich sei, lieber noch ein paar beispielhafte Antworten aus einem Wissenschaftsbereich anfügen, der mir besonders vertraut ist: aus der Zoologie.

Ich wage die Behauptung, daß kaum anderswo so wenig vom Tier gesprochen wird wie dort, wo man von morgens bis abends von Tieren spricht: beim Studium der Zoologie. Die notwendige Zerfaserung des Tiers in tausend Einzelheiten der Systematik, der Stammesgeschichte, der Physiologie und des Verhaltens hat für die Studierenden die Wesenskontur des Tiers aufgelöst.

Seit die ungeheuere Wissensfülle Spezialisierungen auch hier erzwungen hat, seit nicht einmal mehr die ungeteilte Leber, sondern allein ihre Fähigkeit zur Regeneration, nicht einmal mehr ein ganzes Auge, sondern nur noch seine Hell-Dunkel-Adaption, jeweils unter speziellen Umweltbedingungen, zur Diplomierung des Studenten schwierig und problemreich genug gemacht werden können – seither ist an den zoologischen Instituten das Tier nicht mehr der geringere Bruder, das geheimnisvolle Wesen im Vorfeld des Menschen – wenn es das überhaupt jemals war. Es ist Segestria florentina, Lacerta vivipara, Macaca mulatta oder Bombyx mori-basta!

Aber auch der Numerus clausus, den ich mir lieber für Stadthunde als für Studenten wünschte, spielt hier mit. Um überhaupt ein Bein in die Universitätstür hineinzubekommen, gehen auch solche Menschen zunächst in die Zoologie, die mit Tieren noch niemals etwas im Sinn hatten. Gelingt ihnen später der Absprung in die Medizin oder die Biologie nicht, dann werden sie halt in Gottes Namen, was sie niemals werden wollten: Zoologen.

Wäre es anders und hätten die Tiere in den Zoologen mehr als ihre nur zu oft indifferenten Katalogisierer, Beschreiber und Sezierer, dann wäre die moderne Nutztierhaltung nicht unter den Augen der Zoologie zu den bekannten Formen entartet, die wir alle schweigend in uns, nun ja: hineinfressen.

Die Verhaltensforschung innerhalb der Zoologie fängt gerade erst an, sich mit den oft widernatürlichen, die Tiere zu Eiweiß degradierenden Haltungsformen moderner Intensivbetriebe zu beschäftigen; lange genug hatte sie das unerfreuliche Geschäft der Auseinanderset-

Die sogenannte heile Welt

Eine Rede vor der Stuttgarter Kosmos-Gesellschaft über den Begriffsinhalt eines Modewortes, gehalten anläßlich der Verleihung der goldenen Wilhelm-Bölsche-Medaille an den Autor.

Ich hatte vor Jahresfrist Gelegenheit, in Paderborn die Teilnehmer des Wettbewerbs *Jugend forscht* mit einer Rede von allzu früher wissenschaftlicher Spezialisierung und professoraler Altklugheit abzuhalten. Ich stemmte mich darin auch – wieder einmal – gegen den geistigen Hochmut der Technokraten, die auf Kosten der Natur machen, was heute machbar ist, und es nicht einmal gut machen. Denn etwas machen heißt, etwas zerstören. Dichtung und Philosophie, von ihren mythischen Materialien bis hin zu Hegels Dialektik, sind durchtränkt von diesem Satz.

An die Rede schloß sich ein Essen an, während dem mich ein in Biologie beschlagener Oberschüler in leicht mokantem Ton fragte, woher ich denn die Sicherheit nähme zu glauben, das Ziel der Natur bei der Grundsteinlegung des Menschen sei eine trotz ihm heile Welt gewesen. Und ob es denn nicht auch denkbar sei, daß der Mensch im Keim schon der Erde aufgesetzt wurde wie die Geweihveranlagung dem Hirsch – im Endergebnis ein stark luxurierendes Organgebilde, biologisch ohne erkennbaren Sinn, allenfalls auf Kampf mit seinesgleichen, vermutlich aber auf den Untergang der eigenen Art gerichtet. Kurzum: Ein Betriebsunfall der Natur, wenn man nicht gleich ganz annehmen wolle, der Mensch sei von Anbeginn genetisch auf Selbst- und Fremdzerstörung programmiert worden, ein Wesen, das auf seinem verhängnisvollen Weg zwischen dem molekularen Zufall seiner Entstehung und der teleologischen Notwendigkeit seines Untergangs schon weit vorangekommen sei. Und wozu dann noch das moralische Theater von uns Advokaten einer ökologisch heilen Welt?

Mir blieb der Suppenkloß im Hals stecken bei diesem von mir hier nur etwas bildhafter formulierten Schülergedanken, der sich an einem querbeet gelesenen Monod entzündet haben mochte. Nun kennt die moderne Naturwissenschaft aber keine notwendige Vorherbestimmtheit, und der Molekularbiologe Jacques Monod sagte in Wahrheit: «Das Schicksal zeigt sich in dem Maße, wie es sich vollendet – nicht im voraus. Unsere Bestimmung war nicht ausgemacht, bevor nicht die menschliche Art hervortrat, die als einzige in der belebten Natur ein logisches System symbolischer Verständigung benützt.» Dennoch: Die intellektuelle Verführungskraft des Gedankens, der Mensch sei ein sinnlos auf sein Ende hin luxurierendes Wesen, ist stark, lassen sich doch mit einem als Evolutionsziel verstandenen Menschheitsuntergang leicht alle irrational anmutenden menschlichen Verhaltensweisen scheinbar rational erklären.

Die Erkenntnis – zum Beispiel – ist nicht neu (doch ihres Tabucharakters wegen nur selten bei festlichen Gelegenheiten wie dieser hier öffentlich ausgesprochen), daß wir uns als Art total unbiologisch verhalten, wenn wir nach Kräften jeden Wirkfaktor der natürlichen Auslese beseitigen, der unsere krebsartig ausufernde Zahl zu begrenzen imstande wäre. Niemanden ehren wir alle mehr als den Arzt, der Krankheit und Tod besiegt; niemanden schmähen viele von uns mehr als den Arzt, der die Früchte eines beliebig aktivierbaren Sexualtriebs am Ausreifen zu hindern sucht. Als Konrad Lorenz, ein Arzt doch immerhin, bei der Gründung der Gruppe Ökologie, die in der Übervölkerung der Erde das Erzübel aller Erdübel sieht, mit dem ihm eigenen Temperament vor der Presse sagte, es sei angesichts der Bevölkerungsexplosion unmoralisch, noch viele Kinder zu haben, da verklagte ihn der Bund der Kinderreichen wegen Beleidigung.

Dabei hatte Lorenz nichts anderes gesagt als die schlichte biologische Wahrheit. Sie läßt sich an jeder Tierpopulation ablesen, deren Kopfzahl in einem Mißverhältnis zu ihrem Territorium steht. Schon die Bakterien (um nicht schon wieder von zu vielen Hirschen zu reden) zeigen in der Petri-Schale das Ende des Weges, auf dem wir bereits weit fortgeschritten sind: Stoppt man ihre Vermehrung nicht, so bricht das Bakterienvolk trotz reichlicher Nährflüssigkeit und ausgeklügeltem Laborkomfort schließlich in einer mikrokosmischen Umweltkatastrophe zusammen. Die Bakterien sterben nicht an Nahrungsmangel, sondern an ihren eigenen Ausscheidungen.

Ein anderes Beispiel für die irrationalen Verhaltensweisen besonders des westlichen Menschen, der doch die Ratio, die Vernunft anbetet wie nie zuvor, ist sein räuberischer Umgang mit der Natur in einer hinsichtlich der Ökologie so sehr aufgeklärten Zeit, daß man das Wort Umwelt nicht mehr in den Mund nehmen kann, ohne sich sogleich für diese Platitüde zu entschuldigen. Aber besinnen wir uns

auch auf den vielzitierten Raumschiffcharakter unserer Erde? Halten wir Haus im Haushalt der Natur? Nichts davon.
Wir kaufen uns Ablaß von unseren Umweltsünden mit Kläranlagen und Immissionsschutzgeräten und überlasten sie sogleich wieder mit neuen Industrieansiedlungen – zur Herstellung von Kläranlagen und Immissionsschutzgeräten.

Wir subventionieren die Überproduktion von Grundnahrungsmitteln auf Kosten eines mit Kunstdüngern und Monokulturen ausgebeuteten Bodens und subventionieren noch einmal die Denaturierung derart produzierter menschlicher Grundnahrungsmittel zu Viehfutter. Und wenn in Äthiopien, einem Zwischenlandeplatz für Neckermann-Touristen auf dem Weg zu Foto-Safaris nach Ostafrika, 100000 Menschen Hungers sterben, dann überläßt unsere Gesellschaft die erste Hilfe einer Illustrierten, die sie auch nur deshalb so bewundernswert wirksam leisten kann, weil sie das Elend gut verpackt zwischen Bonn und Busen an den satten Mann bringt.

Wir klagen beredt darüber, daß wir im Blech und Abgas der Automobile ersticken, doch nimmt man sie uns auch nur für drei Sonntage weg, dann klagen wir ebenso beredt über staatliche Eingriffe in unsere Freiheit, ersticken zu dürfen, wie es uns beliebt.

Wir lamentieren über die Toten und Verletzten auf den Straßen, doch zwingt man uns zu ihrer Rettung durch Tempolimit auch nur versuchsweise und befristet den Fuß vom Gaspedal, dann lamentieren wir über den drohenden technischen Rückschritt in der Automobilfertigung.

Wir malen für den Fall von Geschwindigkeitsbegrenzungen auch den Verlust von Arbeitsplätzen in der Automobilindustrie an die Wand und transportieren aus Entwicklungsländern notfalls illegal Arbeiter heran, die wir euphemistisch *Gast*arbeiter nennen, wo sie in Wahrheit doch unterprivilegierte und gesellschaftlich isolierte Halbsklaven sind, die ihren Spartakus nur noch nicht gefunden haben.

Und die Menschen in den Entwicklungsländern, in der sogenannten Dritten Welt? Ihre Führer haben fast ausnahmslos nur eine Sorge: So rasch wie möglich die Fehler der Industrieländer zu wiederholen, Natur zu vernichten, Wälder abzuholzen für Städte und Straßen, als wüßten sie nicht, daß die Hungersnöte in den Ländern südlich der Sahara auch eine Folge der Verkarstung durch Waldvernichtung sind; Ströme durch Industrieansiedlungen zu vergiften, als wüßten sie nicht, daß der Rhein nur noch eine Kloake ist.

Ich habe diese Jeremiaden so satt wie Sie. Wer läßt sich schon gern als «Evangelist der Ökologie» verspotten? Ich bilde mir auch nicht ein, auch nur das Geringste ändern zu können. Ich habe nur laut darüber nachgedacht, warum schon Oberschüler heute zu den Gedanken zynischer Greise kommen, warum unsere offenkundige Schizophrenie, die wir mit dem Wort «Sachzwänge» verschleiern, in halben Kindern schon die Meinung aufkommen läßt, der Mensch sei von der Urzelle her darauf angelegt, sich und die Erde zu zerstören.

Es hat ja seine Schwierigkeiten heute, jungen Skeptikern noch den transzendenten Menschen verkaufen zu wollen. Auch schneidet der Laserstrahl der Naturwissenschaften, mit denen sie aufwachsen, sie meist los von der christlichen Offenbarung. Damit ist es also nichts im Diskutieren mit ihnen über das Prinzip Hoffnung auch im Streben nach einer heilen Welt. Am ehesten noch akzeptieren sie ein humanisiertes Menschenbild, wenn man im Gespräch das tertullianische *Credo quia absurdum*, das die Glaubwürdigkeit des Evangeliums just aus seinen konkreten Absurditäten herleitet, auf den Menschen anwendet: Der Mensch ist Mensch, das heißt transzendent und die animalischen Wirklichkeiten überschreitend, weil er als Tier total absurd ist.

Doch als schlichter Tierkundler, der vor 20 Jahren im *Kosmos* seine ersten Schritte in die naturwissenschaftliche Öffentlichkeit machte, beeile ich mich, die dünne Luft philosophischer Räume zu verlassen. Unsereiner bekommt da leicht Atemnot. Es ist auch gleichgültig, ob einer nun mit Hilfe der Taufe oder nur über den intellektuellen Kurzschluß eines theologischen Bonmots an die beseelte Vernunftbegabtheit des Menschen und damit an seine Zukunft zu glauben imstande ist. Hauptsache, er tut es. Wichtig ist auch, daß man human geprägte, ihr Wissen nicht mißbrauchende Exemplare des Genotypus Mensch – sagen wir Nobelpreisträger – nicht als die Zufallsprodukte seiner genetischen Variationsbreite ansieht, als seltene Muster ohne Wert für die Beurteilung der ganzen vermeintlich verderbten Art.

Es gilt auch, den degenerativen Prozeß zu erkennen, den Konrad Lorenz die «Verhausschweinung» des Menschen nennt. Wenn ich das derbe Lorenzwort derb auslegen darf: der Mensch, der nach dem Schwein sich selbst zur Sau zu machen drauf und dran ist – physisch durch Wammenbildung, angezüchtete Eßgier und hypertrophierte Sexualität, psychisch durch die Diffamierung der Emotion, der Scham und jeder natürlichen, weil generationsbedingten Autorität.

Und so plädiere ich hier für etwas, das heute unter dem Spott zuvörderst der Intellektuellen zu leiden hat wie nichts sonst: für die Legitimität menschlichen Strebens nach einer heilen Welt. Es muß endlich wieder auch dem menschlichen Gemüt ohne intellektuelle Diffamierung erlaubt sein, was dem menschlichen Körper zu verwehren niemandem einfiele: Wunden zu schließen und Brüche zu heilen. Nichts in der belebten Natur, das nicht unbewußt zur Harmonie oder doch zum biologischen Gleichgewicht mit seiner Umwelt strebte und auf anhaltende Störungen in seinem Ökosystem mit schweren Schäden reagierte! Der Mensch als Teil der belebten Natur macht da keine Ausnahme. Das instinktive, wenn auch heute freilich naive «Zurück zur Natur», das zum Spottwort der Technokraten für die Schützer einer heilen Welt geworden ist, weist in diese Richtung. Wegen der Geschwindigkeit der Kulturentwicklung genetisch noch längst nicht angepaßt an seine denaturierte, technisierte, hektische Gehirnwelt, sucht der noch halbwegs empfindsame Mensch in seinen Ferien nach ökologisch intakten Regenerationsräumen: nach dem einsamen, sauberen Strand, dem menschenleeren natürlichen Mischwald, dem stillen, abgelegenen Bergtal. Nicht daß er sie immer findet, ist entscheidend; es werden ihrer ja immer weniger. Daß er sie mit dem Instinkt des Naturwesens überhaupt noch sucht als eine heile, ihm gemäße Welt – darauf kommt es an. Das weist ihn aus als ein Wesen im Einklang mit der Natur. Das heißt uns hoffen.

Es ist nicht schwer, eine solche landschaftsökologisch heile Welt und die legitime menschliche Sehnsucht nach ihr zu definieren. Eher schon sind zu den humanökologischen Aspekten einer heilen Welt ein paar Gedanken angebracht. Wenn es richtig ist, daß der Verlust der Scham für den Menschen der erste Schritt in die Geisteskrankheit ist, dann sind viele von uns in der Tat geisteskrank – «kaputte Typen», wie man sie mit einem neudeutschen Wortgebilde nennt. Es ist zusammengesetzt aus einem auf den Menschen bezogenen Adjektiv aus der Maschinenwelt und einem Substantiv, das ihn seiner Individualität beraubt. Ich kenne kein unmenschlicheres Wort für einen Menschen.

Was beunruhigender ist: Schon folgt dem Wort aus dem Hades der

Zynismus vom Olymp. Ich hörte einen namhaften Genetiker darüber spekulieren, ob nicht die Vermarktung des weiblichen Körpers, die uns beinahe weltweit von allen Kiosken und Kinoleinwänden wie von Pissoirwänden anspringt, ein subtiles Werkzeug der Natur sein könnte, weise darauf gerichtet, unsere übergroße, die Erde gefährdende Zahl zu verringern, indem sie uns den *appetitus coitus* verderbe. Aber ich weigere mich, im Hamburger Heinrich Bauer Verlag, der ein Pornobranchenführer ist, das Werkzeug einer weisen Natur zu sehen. (Ein Verlag nebenbei, der fest in der großbürgerlich-konservativen Welt verankert ist.)

Eher schon ist zu glauben, daß die neuen Leistungszwänge und Neurosen, die uns die endlich befreite Sexualität bescherte, wieder Entspannung und Heilung in der altmodischen Erotik finden werden, um nicht zu sagen: in der Liebe. Eine neue demoskopische Untersuchung förderte zutage, daß von den Menschen mehrheitlich nicht so sehr mehr die Unfähigkeit zum beliebig produzierbaren Orgasmus beklagt wird, als vielmehr ein starkes Defizit an Streicheln. Es war vorauszusehen, daß die Kühnheit, mit der vor zehn Jahren junge Sexualpsychologen die Handfreisetzung des sich aufrichtenden Vormenschen in ihrer Bedeutung für die menschliche Evolution quasi mit der heutigen Freisetzung der weiblichen Brust aus Bluse und Pullover gleichstellten –, daß diese Kühnheit sich als anthropologisch impotent erweisen würde.

Ich möchte bei diesem Plädoyer für das Naturrecht des Menschen, nach einer heilen Welt zu streben, auf keinen Fall mißverstanden werden. Ich habe nichts im Sinn mit dem Schein dieser heilen Welt, der um des Geldes oder um des Publikumserfolges willen überall aufgerichtet wird. An ihm entzündete sich ja die intellektuelle Diffamierung des ganzen Begriffs, und dagegen wüßte ich nichts zu sagen. Ich habe in meiner eigenen publizistischen Arbeit weidlich mitgeholfen, diese Scheinwelt abzubauen. Wogegen ich mich wehre, das ist die Ausdehnung der Demontage des Scheins auf die Begriffswirklichkeit.

Für den Schein einer heilen Welt halte ich etwa die falschen Töne der Fremdenverkehrsindustrie im idealisierenden Gebrauch der Begriffe Natur und Gastfreundschaft, die sie in Wahrheit doch nur schnöde vermarkten. Ich erwähne auch die läppischen, eher kindischen als kindlichen Fernsehserien, in denen Tiere im Zeitalter eines Lorenz und eines Tinbergen grotesk vermenschlicht werden. Dieser

Tierverfälschung entsprechen die vielen menschlichen Saubermannfamilien desselben Mediums, in denen oft eine mit dümmlichem Humor nur dürftig getarnte bürgerliche Doppelmoral regiert. Ob dieses Fernsehgenre nun aus dem Mutti-Milieu gleich umschlagen mußte in die Fäkalwelt des Alfred Tetzlaff, dazu mache ich mir hier keine lauten Gedanken. Es gibt auch im Fernsehen so etwas wie einen Fraktionszwang.

So appelliere ich zum Schluß an meinen eigenen Berufsstand, nicht mehr länger in Wort und Bild Menschen zu ironisieren und dem hämischen Spott der Masse auszuliefern, die im stillen der Natur und damit auch dem Menschen dienen. Das Wort Tierfreund muß den Beigeschmack des naiven und menschenfeindlichen Tiertantentums wieder verlieren, besonders wo es in Bezug gesetzt wird zu den vielfach bedrohten freilebenden Tieren. Das Wort Naturschutz muß heraus aus dem Assoziationsbereich der Wandervogel-Schwärmerei, in dem es der Asphaltjournalismus immer wieder ansiedelt.

Wir aber, die den Tier- und Naturschutz aktiv betreiben, sollten uns, solange der milde Spott andauert, von ihm nicht irre machen lassen in unserem Streben nach einer heilen Welt. Wer diese heile Welt heute noch ironisiert, wird sie als ein kranker Mensch schon morgen selber am nötigsten haben.

Ich zitiere noch einmal Jacques Monod: «Der Mensch weiß nun durch die Wissenschaft, daß er seinen Platz wie ein Zigeuner am Rande des Universums hat, das für seine Musik taub ist und gleichgültig gegen seine Hoffnungen, Leiden oder Verbrechen.» Lassen Sie uns dann wenigstens diese unsere ausgesetzte Welt auf eine natürliche Weise heil erhalten, damit wir nicht mit dem Römer Livius eines Tages werden klagen müssen, wir hätten es dahin gebracht, daß wir weder unsere Gebrechen noch deren Heilmittel mehr ertragen könnten.

Ende der Bescheidenheit – auch im Naturschutz

Ein Aufsatz für die Zeitschrift «Das Parlament» *über die neue Generation der Naturschützer.*

Stimmen wir also, mit mir als Vorsänger, ein neues Klagelied an auf die fortschreitende Zerstörung der Natur. Die Noten liegen mittlerweile in allen Ministerbüros, Parteisekretariaten, Verbandsgeschäftsstellen griffbereit. Sonntag für Sonntag, landauf, landab, kommen diese Töne nicht ohne Innigkeit von vielen prominenten Lippen. Die Gazetten und die Sender nehmen sie auf und tragen sie über die ganze Republik, wo sie ein Heer von Nachbetern finden. Niemals zuvor, seit die Romantik die Natur als Sujet feinerer Gefühlsregungen hoffähig machte, hatte die Natur so viele Höflinge. Sie dienern naiv oder opportunistisch am Bett einer Todkranken. Aber sie verbreiten meist Weihrauch, wo einzig der Gesetzgeber als politischer Arzt noch helfen könnte. Aber der Gesetzgeber, Mann für Mann, hat zwei Seelen in der Brust: seine Einsicht in das Notwendige und seine Partei. Und die Partei hat immer recht.

Das Elend der Natur im politischen Raum, ihr zunehmender Mißbrauch als beifallsträchtiges Reizwort beginnt damit, daß man mit Anstand und Nutzen über Natur nicht reden und schreiben kann, wenn man Natur nicht kennt. Referenten liefern Texte. Engagement, das nur aus profundem Wissen, aus Leiden vor allem kommt, liefern sie nicht. So aus dem Auto, dem Intercity-Zug heraus, im Vorbeisausen aufgenommen zwischen zwei Bissen oder zwei Blicken in die Akten, ist Natur nicht erfahrbar. Auch der Spaziergang im Park erbringt da nichts. So gesehen, reduziert sich Natur dem Betrachter zur Bildpostkarte, und banal wie solche Kartengrüße fallen denn meist auch die Gedanken aus, an denen sich Naturschutzreden herkömmlicher Art kristallisieren: Natur als Hort der Stille. Natur als Fluchtburg des zivilisationsgeschädigten Menschen. Natur als Gegengewicht zum Ballungsraum. Natur als Immissionsfilter. Natur als Heimat von Mensch und Tier. Und so weiter und so weiter. Das ist so richtig und zugleich so banal wie etwa die Feststellung, der Regen sei naß. Ein politisches Naturschutztraktat kann heute nur ein einziges Thema, eine einzige Wahrheit haben: Die Natur als Ware.

Der Ausverkauf ist weit fortgeschritten, und auch der Staat steht hinterm Tresen. Während ich dies schreibe, erreicht mich der Hilferuf der Naturschützer und Bauern aus dem Raum Donauwörth: Das Donauried, eine der letzten großflächig freien Kulturlandschaften der Bundesrepublik, ein Vogelreservat selten gewordenen Ausmaßes dazu, soll in den Würgegriff einer monströsen Testanlage für Schienenfahrzeuge der Zukunft gesteckt werden. Für 270 Millionen Mark will der Bund dort Anlagen schaffen, über die ab 1975 Versuchsfahrzeuge mit Geschwindigkeiten bis zu 500 Stundenkilometern rasen sollen. Erweisen sich diese Supertechniken eines Tages als überzogen für die räumlichen Verhältnisse der Bundesrepublik oder als unrentabel gegenüber der ausländischen Konkurrenz, dann wird man eine zerstörte, von Wildtieren verlassene Landschaft achselzuckend den Menschen dort überlassen: Zivilisationsabfall, gut genug gerade noch für die Industrie.

Aber was soll das hier? Ich könnte leicht den mir zugemessenen Raum mit ähnlichen Moritaten füllen: Auf jedem der 110 Hektar Kulturland, die täglich in der Bundesrepublik an Stahl und Beton verlorengehen, zahlen Menschen, Tiere und Pflanzen mit Leben und Gesundheit für den Fortschritt, für die Konkurrenzfähigkeit, für die Rentabilität von Wirtschaft und Industrie. Beide haben gute Gründe und gute Anwälte, die geübt sind in der Kunst des Beschwichtigens, des Verniedlichens, des Schmierens von politischen Achsen, auf denen der «Fortschritt» durch eine technisierte, verbaute, verdrahtete Landschaft rollt. Die Fortschrittslobby funktioniert mit der mörderischen Lautlosigkeit des Sonnentaus. Naturschutz- und Umweltgesetze, wenn sie denn überhaupt je in Kraft gesetzt werden, weichen mit Kompromißparagraphen auf, was in den Präambeln so ehern postuliert wird. Das neue Waldgesetz des Bundes ist nach Meinung der meisten sachverständigen Kommentatoren, soweit sie nicht der Forst- und Landwirtschaftslobby zuzurechnen sind, ein Beispiel dafür. Das neue Naturschutzgesetz, das Wassergesetz des Bundes hängen im Gestrüpp der Partei- und Länderinteressen – zerredet, zerstückelt, vertagt immer wieder bis zum Ekel, den Naturschützer draußen darob empfinden.

Aber Naturschützer, was ist das schon! Romantiker, Strickstrumpfwandervögel, schlimmstenfalls ein Fernsehprofessor mit einer lieben Blattlaus auf der Schulter! Man sagt es so nicht mehr, denn Naturschutz ist «in». Aber man denkt es vielenorts noch so. Und es ist ja auch, vom hohen Kothurn der Bundes- und Länderpolitik aus betrachtet, etwas daran. Denn sind es nicht oft pensionierte Schulmeister, Studienräte oder Förster, Pfarrer und Fratres gar, die bislang als Naturschutzbeauftragte ihrer Heimatkreise den Naturschutz betrieben? Menschen, denen der Rücken krumm wurde überm Betrachten der Natur en detail und vom vielen Buckeln vor den Mächtigen dieser Welt. Mit leiser Stimme setzten sie Woche für Woche, ein Leben lang, den Gesang der Gartengrasmücke gegen Heckenrodungen, das Knabenkraut gegen eine Wiesenauffüllung mit Bauschutt, das Wollgras gegen die landwirtschaftliche Drainage einer Moorlandschaft, den Fischreiher gegen die Karpfenmast, die Rohrdommel gegen das Strandbad im Naturschutzgebiet. Was Wunder, wenn Grasmücke und Knabenkraut, Wollgras, Reiher und Rohrdommel unterlagen – dezimiert, vertrieben, zertreten, ausgerottet. Schon die Nennung ihrer Namen in Gegnerschaft zu den stets bedeutenden Projekten der Wasserwirtschaftsämter und der Herren aus Industrie und Gewerbe gab diese Spitzweg-Naturschützer meist der Lächerlichkeit preis: «Denken Sie nur, Herr Kollege, da hält jemand im Ernst das Wollgras für wichtiger als eine Textilfabrik, haha!»

Die Fabriken, die Wohnsilos, die Straßen kamen. Die alten Naturschützer gingen – in die Resignation, ins Grab. Vorzeitig oft, gestorben an gebrochenem Herzen. Andere paßten sich an, denn erst kommt das Essen, dann die Moral. Aber der Naturschutz ist in einem Häutungsprozeß begriffen. Aus den versponnenen, zerbrechlichen Wortkokons der Naturschützer von gestern treten neue Schwärmer hervor, die nichts Schwärmerisches mehr an sich haben, die vielmehr mit giftigen Warnfarben der Natur um sich herum Lebensraum verschaffen.

Es sind erstaunlich viele junge Akademiker darunter, vollgestopft sowohl mit dem ökologischen als auch – und das ist das eigentlich Neue! – mit dem politischen Wissen ihrer Zeit. Sie sind von den Universitäten her eingeübt in hartes Diskutieren und, notfalls, in Aggression. Sie buckeln nicht, sie treten. Und sie treten mit Vorliebe nach oben, als Beamte sogar. Auch das ist neu.

Da machen Hydrobiologen Front gegen sinnlose Flußbegradigungen und Grundwassermanipulationen durch Wasserwirtschaftsämter, die der Energieversorgung und der Landwirtschaft oft hörig sind. Pflanzensoziologen stehen auf gegen die «Kultivierung», sprich: Trockenlegung und Vernichtung der letzten Moore. Forstakademiker, frisch beamtet, wenden sich sogleich gegen die profitliche Verfichtung unserer Wälder. Junge Wildbiologen kämpfen an gegen einen zwar jagdfreundlichen, aber naturwidrigen Überbesatz des Waldes mit Reh und Hirsch. Zoologen stehen auf gegen das immer weitere Eindringen des Automobils, der Technik in die letzten Freiräume der Natur.

Zweierlei macht diese neue Rasse von Naturschützern den gedankenlosen, nur an Wachstum und Profit orientierten Ausverkäufern der Natur zunehmend unbequem: ihre Sprache und ihr Wissen. Da schwärmen diese Neutöner plötzlich nicht mehr «vom lieblichen Bachlauf, der sich seinen Weg selber am besten sucht». Sie weisen vielmehr, wie die *Gruppe Ökologie* um Konrad Lorenz, den Wassertechnikern in einer wissenschaftlichen Dokumentation nach, daß Millionen Mark aus Steuermitteln aufgewendet werden zur Sanierung von Trockenschäden, die man, ebenfalls mit Millionenmitteln, durch unsinnige Flußbegradigungen selbst erst herbeiführte. Sie reden nicht mehr vom «Knabenkräutlein, das dem Menschen weichen muß». Sie sagen, ihre Gegner verunsichernd, wissenschaftlich unterkühlt, daß *Orchis militaris* oder *Ultricularia vulgaris* biologische Weiser seien, deren Fehlen oder Vorhandensein dem Kenner sofort den Gesundheitszustand einer Wiesenlandschaft, eines Gewässers anzeigten. Und sie weisen schlüssig nach, daß jedes dem landwirtschaftlichen Fetisch «Nutzen» geopferte Moor den Taupunkt der Atmosphäre zum Nachteil ganzer Pflanzengesellschaften verändern und daß es Mensch und Tier in einer Zeit zunehmender Wasserverknappung eines weiteren Rückhaltebeckens beraubt.

Auch besingen diese neuen Naturschützer nicht die Schönheit der «flammenden» herbstlichen Bergmischwälder (im Gegensatz zur Düsterkeit der Fichtenmonokulturen). Sie führen nüchtern ins Feld, daß der Bergmischwald durch seine Kronengestaltung und Wurzelstruktur eine Schutzfunktion gegen Sturzregen und damit Erosion besser wahrnehmen könne. Ihnen ist auch suspekt, wer Hirsch und Reh allein mit der Seele oder über den Gewehrlauf visierend sucht. Sie demonstrieren an Kot und Kadaver den Parasitenbefall des hungernden, allzu vielen Schalenwildes und damit die tödlichen Folgen monokulturell gebauter Wirtschaftswälder in Verbindung mit reiner Prestigejägerei. Und der Wanderfalke, der Seeadler ist ihnen nicht «der kühne Aar, der die Lüfte beherrscht». An der Dünnschaligkeit der Greifvogeleier als Folge einer Vergiftung der Nahrungskette weisen sie den Kreislaufkollaps der Natur nach, der man zum Zwecke erhöhter Wirtschaftlichkeit mit Pflanzenschutzgiften auf die ganz großen Sprünge half.

Eines Tages wird aus den Reihen dieser sich gerade erst formierenden «grünen Mafia» einer aufstehen, der vor der Nation das Ende der Bescheidenheit für die Naturschützer proklamiert. Dann werden sie in die Wahlversammlungen gehen und den Politikern, wo und wann immer diese die stimmenträchtigen Vokabeln Natur und Umweltschutz in den Mund nehmen, mit unanfechtbaren Fakten die nur rhetorischen Hosen herunterlassen – vor einem Volk, das immer rascher zu erkennen beginnt, wie sehr der Mensch ein biologisches Wesen ist, beheimatet in der Natur und ihren Gesetzen untertan.

Es wird sich bald erweisen, daß kommende Wahlen eher mit grünen als mit roten oder schwarzen Parolen gewonnen werden.

Mut zur Emotion

Eine Rede über die heutige Diffamierung menschlicher Gefühlswerte, gehalten anläßlich der Verleihung des Bayerischen Naturschutzpreises 1974 an den Verfasser.

Mut zur Emotion – was soll uns das heute? Das zielt auf das erschrekkende Defizit an Gefühlen in der Umweltpolitik – Gefühl nicht als blauäugige Naturschwärmerei verstanden, sondern als leidenschaftliches Engagement, und Politik nicht eng schwarz oder rot genommen, sondern alle Aktionen unserer Gesellschaft einschließend, die auf das biologische Gemeinwohl zielen. Es hat sich ja nicht nur die parteigebundene politische Elite, es hat sich auch die technologisch-wirtschaftliche Intelligenz unserer im Grunde so schlichten Sache angenommen, des Schutzes der Natur nämlich als der großen Nährmutter des Menschen.

Doch leider verfechten allzu viele von ihnen unsere Sache, mangels einer echten inneren Anteilnahme, die sich ja nur aus einem nahen geistigen und körperlichen Umgang mit der Natur ergeben kann, mit zuvörderst verbaler Energie. Das Thema verspricht dem Politiker Zukunft, dem Unternehmer Gewinn.

Und so quellen aus den Werbeagenturen die Unweltschutzinserate und aus den für die Umwelt zuständigen Ministerien des Bundes und der Länder die Glanzpapier-Druckschriften hervor. Wieder einmal verkünden sie uns die bessere Welt von morgen – im Waschmittel-Werbejargon die einen, mit dem männlich-freundlichen Porträt des Ministers die andern. Gemeinsam ist beiden Spielarten dieser modischen Öffentlichkeitsarbeit der horrende Geldaufwand.

Derweil sinnieren die Naturschutzbeauftragten der Landkreise darüber, wie sie mit einem Jahresetat von 1500 Mark die ihnen anvertraute Welt von heute pflegen sollen. Und während der Begriff «Ökologisches Gleichgewicht» inzwischen schon zu rhetorischem Kleingeld wurde für politische Gasthofredner, bereitet man in aller Stille wie eh und je so bedeutenden Ökosystemen wie – um nur diese zwei unter Dutzenden zu nennen – dem niedersächsischen Bruchberg-Moor oder dem bayerischen Donauried ein sozialdemokratisches, beziehungsweise christlich-soziales Staatsbegräbnis. Der Fortschritt kennt hierzulande keine Parteien; er kennt nur die große Koalition deutscher Tüchtigkeit im Ausverkauf der Natur, und es ist oft der Staat, der hinterm Ladentisch steht. Man mache sich da nichts vor: Mehr Grün ist weder von mehr Schwarz noch von mehr Rot zu erwarten.

Die Skeptiker könnten recht behalten, die schon heute voraussagen, daß sich eines nicht mehr fernen Tages unter den Menschen ein Gefühl des Überdrusses an diesem modischen Gerede vom Schutz der Umwelt breitmachen werde. Man wird erkennen, daß den stets steigenden Kosten, die von immer neuen Umwelt-Administrationen mit immer neuem elektronischem Großspielzeug verursacht werden, eine im Vergleich dazu nur geringe Heilwirkung auf die kranke Natur gegenübersteht. Und auch das neue bayerische Naturschutzgesetz bedenkt bei allem rühmenswerten Mut zum Neuen dort jedenfalls mehr die Aspekte kommender Wahlen, wo es den zivilisationskranken Menschen mit einem prinzipiellen Freipaß für die Gesamtnatur zur Gesundwerdung in eine gleich ihm zivilisationskranke Natur entsendet. Es muß, meine ich, erst einmal die Natur in strenger Isolierung großräumig gesunden, bevor der Mensch an ihr wieder genesen kann. (Von der Privatnatur verbauter und versperrter Seeufer rede ich natürlich nicht.)

Und wer die Land- und die Forstwirtschaft sowie die Jagd a priori und in jedem Fall als ökologische Nützlinge betrachtet und sie außerhalb des Gesetzes stellt, der muß sich die Frage nach der Ernsthaftigkeit seines naturschützerischen Bekenntnisses gefallen lassen.

Diese Sünden der Gesetzesmacher werden sich schon an ihrem ersten Kind bitter rächen, dem neuen Nationalpark im Raum Berchtesgaden.

Mit dem nur vordergründig menschenfreundlichen Text des neuen Naturschutzgesetzes in der Hand werden die auf noch mehr Fremdenverkehr bedachten Kommunalpolitiker nun politisch durchsetzen, was sie die Erschließung einer Landschaft nennen, also ihre schnöde Vermarktung. Es wird mehr Wege, mehr Bergbahnen, mehr Skipisten, mehr Gasthäuser geben, kurzum: mehr Naturzerstörung. Wer sich ihr als Naturschützer entgegenstellt, indem er auf die stark verklausulierten Ausnahmebestimmungen des neuen Gesetzes pocht, der wird damit rechnen müssen, als Menschenfeind diffamiert zu werden.

Eine konservative, auf wirtschaftliche Holznutzung auch im Bergwald versessene Staatsforstverwaltung wird entgegen der bemerkenswert hellsichtigen, ökologisch richtigen letzten Etatrede ihres Ministers auch weiterhin mit heulenden Motorsägen und bodenverwüstenden Großmaschinen den gesetzlich geschützten Bergwald auf ihre traditionell defizitäre Art pflegen.

Und der Bayerische Landesjagdverband? Er wird seine ganz zweifellos vorhandene Einsicht in die ökologische Notwendigkeit waldbaulich tragbarer – und das kann im wildfeindlichen Gebirgswald nur heißen: extrem niedriger – Schalenwildbestände gewiß relativieren an der Forderung einflußreicher Jagdherren, das Spaßvergnügen Jagd doch auf gar keinen Fall in harte biologische Arbeit ausarten zu lassen, also stets reichlich Wild vor der Büchse zu haben. Undenkbar für die Jäger (und nicht wenige hirschbesessene höhere Forstbeamte übrigens auch), daß die Jagd im neuen Nationalpark ruhen könnte, dem Anblick von Wild für jedermann jederzeit zuliebe, undenkbar für die Jäger auch, daß die Tiere im Wintergatter nach wildbiologischen Erkenntnissen reguliert, das heißt: ihrer natürlichen Nahrungsbasis zahlenmäßig angepaßt werden. Aber es mehren sich die Anzeichen, daß die Dame Diana in die Wechseljahre gekommen ist; in ein paar Jahren, wenn ihre derzeitigen Hitze-Aufwallungen vorüber sein werden, wird man vernünftiger als heute mit ihr reden können.

Einstweilen aber wird, so fürchte ich, auch in diesem neuen Nationalpark Naturschutz alles in allem nur sein, was er im Grunde bei uns schon immer nur war: weniger rigoroser Schutz geeigneter Ökosysteme, als vielmehr Schutz von schönen Landschaftsbildern, privilegierte Nutzung nicht ausgeschlossen – der Königssee zwar nicht mit Pauken, aber doch mit Trompeten ausgegeben als Herzstück einer unberührten Natur. Wahrscheinlicher jedoch ist, daß dem Parkbesucher auch an der Jenner-Bahn bald schon jenes zynische Merkblatt ausgehändigt werden wird, das man zum Acht-Mark-Ticket laut *Süddeutscher Zeitung* an der Kasse der Mittenwalder Karwendelbahn heute schon erhält: «Wenn Sie auf den beschriebenen Wegen keine Gemsen sehen, dann waren Sie oder Ihre Vorgänger zu laut!» So wäscht man sich, nachdem man die Menschenmassen auf die Berge gebaggert hat, die Hände in Unschuld und steckt sie danach in die gefüllten Taschen.

Den Januskopf der Umwelt-Politik mit den Gesichtern Zerstörung und Heilversprechen trägt auch die Industrie. Einer der Großen im

Bereich der Chemie rühmte sich auf den Inseratenseiten der Presse mit ungeheurem Geldaufwand seiner humanitären Rolle im Kampf gegen den Hunger in der Dritten Welt. Diese halbe Wahrheit könnte man akzeptieren, wüßte der in Werbepsychologie Erfahrene nicht, daß hier auf die subtilste Weise einem unkritischen Massenpublikum durch Verschweigen der anderen Wahrheitshälfte suggeriert wird: Sehr nur, unsere Herbizide und Insektizide sind nicht, was verbohrte Naturschützer und Ökologen von ihnen behaupten! Man weiß natürlich, warum man geographisch in die Ferne schweift, liegt doch das Unglück, das diese zu verheerenden Wirkungen kumulierenden Gifte über viele unserer europäischen Ökosysteme gebracht haben, viel zu nah, als daß man es wagen könnte, damit auch noch Werbung zu treiben.

Den kriminellen Schwachsinn der Waschmittelwerbung näher zu untersuchen, will ich Ihnen ersparen. Die Diffamierung des Wortes «sauber» durch die kleinbürgerliche Vergötzung der Wäschefarbe Weiß, betrieben täglich, ja stündlich mit Millionenaufwand, verhindert in der Bevölkerung jeden noch so bescheidenen Ansatz zu einem besseren Verständnis gewässerbiologischer Zusammenhänge. In blütenweißer Wäsche ringen wir lamentierend die Hände an phosphatverseuchten, vor Überdüngung stinkenden Seen und Flüssen.

Es erhebt sich auch nirgends Protest oder auch nur öffentliches Gelächter, wenn eine der großen internationalen Mineralölgesellschaften sich in ganzseitigen Inseraten vom Umweltbock zum Gärtner hinaufstilisiert, indem sie in Bild und Wort rühmt, wie sie eine ihrer Benzinkochereien mit einem selbstgepflanzten Wald verkleidete, wofür sie irgendeinen Landschaftsbambi erhielt. Auch Automobile machte man schon umweltgerechter, indem man vom Gewinn an jedem verkauften Wagen den Forstbehörden das Geld für einen die Luft reinigenden Baumsämling zur Verfügung stellte.

Im Schutz solcher auf Profit und Vernebelung angelegten Umweltaktionen plant sich eine neue Großraffinerie, etwa im Wassereinzugsbereich des Bodensees, doch gleich viel ungestörter, und auch das hinter einer hübschen Baumkulisse dem Benzin zugesetzte Blei schmeckt uns und den Kühen gleich wieder viel besser.

Beim luziferischen Licht dieser Werbung betrachtet, werden die ständigen Beteuerungen der Industrie, sie brächte sich mit ihren technischen Umweltvorsorge-Einrichtungen beinahe schon an den

Bettelstab, nicht eben glaubwürdiger. Und ein hessischer Giftmüll-Skandal bestätigt unsere schlimmsten Zweifel.

Diese Ihnen aus Presse, Radio und Fernsehen vertraute, Sie möglicherweise sogar langweilende Litanei eines preiswerten Naturschützers legt natürlich die berühmte Frage nahe: Wo bleibt das Positive? Denn es kann ja wohl nicht so sein, daß alle diese Technokraten und Bürokraten, diese Politiker aller Machtebenen nichts anderes als ausgemachte Zyniker seien. Das sind sie natürlich auch nicht. Gerade in Bayern wird, dank des militanten Bundes Naturschutz, Natur nicht nur vor Wahlen von der Politik fast so ernst genommen wie der Bierpreis.

Wir Naturschützer wollen also nicht in die dominante Gewohnheit der Parteipolitiker jeglicher Couleur verfallen, die eigene Arbeit grundsätzlich für gut und die des Gegners grundsätzlich für schlecht zu halten. Wir wollen also die vielfältigen Sach- und Leistungszwänge, die Zielkonflikte und die menschlichen Unzulänglichkeiten nicht bagatellisieren, denen die behördlichen und politischen Verwalter der Natur ausgesetzt sind.

Wir wollen auch nicht übersehen, daß aus den Verwaltungen nicht nur buntgedruckte Daten, sondern auch schon mal Taten hervorgehen, die uns hoffen lassen. Nichts ist für einen Naturschützer ja leichter als das rigorose Durchhalten einer puristischen grünen Moral. Der eine oder der andere unter uns neigt dazu. Jedoch ist nicht der ein Menschenfeind, der gelegentlich in den Kompromiß abweicht. Menschenfeindlich handelt eher derjenige, der von den Regierenden stets und ständig die Umsetzung seiner eigenen Verbalmoral in Entscheidungen fordert, die jegliche Naturnutzung verneinen, denn er fordert in Wahrheit nichts weniger als die Gefährdung des öffentlichen Wohls, zu dem, wie der Mensch nun einmal angelegt ist, das Nützliche und das Schädliche gehören, das Schöpferische und das Parasitäre, Kirche und Kloake.

Und so ist den Politikern und den Regierenden nicht vorzuwerfen, daß sie hier und da Natur der Landesentwicklung opfern; es ist ihnen vielmehr vorzuwerfen, daß sie Natur oft kampflos, ohne engagierte Suche nach Alternativen, ohne wirklich überzeugende Gründe preisgeben: Bäume gehen nicht zur Wahl.

Wir wollen aber noch ein wenig tiefer graben auf der Suche nach einer Erklärung für den im Ergebnis unzulänglichen Versuch der

Technokraten und Bürokraten, Natur mit Technik zu schützen und mit Elektronik zu deuten und zu verwalten. Es scheint mir so zu sein, daß Natur für die Elektronengehirne der vielen Umweltbehörden eine eher zufällig in sie hineingeratene Thematik ist, die statt Wasser und Luft, Wald und Weide, Brache und Erosion genausogut auch Jugendkriminalität oder Frauenemanzipation, Weltraumforschung oder Bundesbahndefizit, Hochofensteuerung oder Batteriehuhngenetik heißen könnte. Es sind zusammen mit den Karrierebeamten der modernen Verwaltungen auch schon die Sach-Inhalte auswechselbar geworden, wie das nicht nur die letzte Bonner Regierungsbildung bewies. Der politische Proporz rangiert überall vor der Person, die Kabinettsarithmetik vor der inneren Logik eines Ressorts. Da ist für engagierte Moralisten kein Platz, da kommt Leidenschaft nicht auf, und wo sie noch glüht, kommt dies Glühen allein von der Reibung im Karriereflug durch den politischen Raum.

So fehlt es in den Umweltverwaltungen an Kämpfern. Es herrscht dagegen kein Mangel an kühlen, smarten Köpfen. Der moderne Typ des hochrangig beamteten Naturschützers ist denn auch vorwiegend Ingenieur oder Jurist. Weihenstephan bäckt die Ökologen halt zu langsam.

In diesem Mißverhältnis zwischen Technologen und Ökologen liegt auch die Erklärung für das schier erdrückende Übergewicht des rein technischen, an den Symptomen herumkurierenden Umweltschutzes, den die Bundes- und Länderminister mit großer Eloquenz und durchaus auch mit Sachverstand vor Parlamenten und besonders vor Fernsehkameras vertreten. Auf dem ungleich wichtigeren Gebiet der ökologischen Prophylaxe aber, des Artenschutzes und damit der Früherkennung von verdeckten Krebsschäden an unserer Landschaft, sind sie mehr oder weniger stumm.

Es ist politisch eben undankbar, private Nutzungsrechte schon dort zu beschneiden, wo die Natur noch nicht zum Himmel stinkt. Auch kann man als seriöser Politiker den Purpurreiher des Donaurieds nicht gut gegen eine Magnetschwebebahn setzen, deren bei 500 km/h erzeugtes Luftrauschen das Rauschen des Todesengels für diese ehrwürdige alte Kulturlandschaft sein wird. (Dies sprachliche Bild wird die Planungsstäbe im Raum Donauwörth gewiß belustigen. Ich nehme das in Kauf. Man soll mit verengten Spezialisten nicht streiten. Sie kennen den Preis von allem und den Wert von nichts.)

Folgerichtig glaubt eine der Technik hörige Gesellschaft heute denn auch, es genügten ein paar zusätzliche Kläranlagen, Abgasfilter und Müllbeseitigungsanlagen, um das Wasser wieder klar, den Himmel wieder blau, das Leben wieder menschlich zu machen. Aber es könnte sehr wohl sein, daß wir mit all unserer ausgeklügelten Umwelt-Technik (die ich gar nicht herabsetzen will, deren Primat im Umweltschutz ich nur bestreite) eines Tages, ohne es sogleich zu merken, nur noch den Leichnam der Natur schminken.

Angesichts der technischen Kopflastigkeit des behördlichen Umweltschutzes nimmt es nicht wunder, daß die Emotion, die aus dem Harmonie-Erlebnis einer Landschaft oder aus dem Zorn ob ihrer geldgierigen Zerstörung kommt, den Umwelttechnikern als Todsünde wider den Zeitgeist erscheint. Ihr Fetisch heißt Sachlichkeit. Wer Emotionen zeigt, disqualifiziert sich als Gesprächspartner.

Die eigentlich menschenfeindliche Leistung unserer Gesellschaft ist nicht die Technik: Es ist die große Denunziation der menschlichen Emotion. Die weit vorgeschrittene Vergötzung des Verstandes und die Verketzerung des Gefühls führten zu einer Computergläubigkeit mit schon religiösen Zügen, wenn man darunter den Zugang zur Wahrheit allein durch eine zahlenmäßig kleine, aber auf Grund ihres Herrschaftswissens mächtige Elite, die unwissende Demut des Volkes vor ihren geheimnisvollen Schriftrollen und die Abhängigkeit des Staates von ihren Lebens- und Naturdeutungen versteht. Was einstmals als interpretierbare Entscheidungshilfe für den Menschenverstand gedacht war, regiert nun zunehmend autokratischer und unduldsamer gegen eben diesen gesunden Menschenverstand allein durch die schaudernmachenden monströsen Gehirnfunktionen des elektronischen Apparats.

Hand in Hand mit der Verteufelung der Emotion, die ja durchaus ein taugliches Mittel zur Trennung der geistigen Spreu vom Weizen ist, geht in diesen Labor- und Büro-Eliten eine leise Verachtung für den Gummistiefel-Praktiker draußen im Feld. Als ich mich in den Bettelorden der Kreisnaturschutzbeauftragten einreihte, sah ich etliche hochrangige Augenbrauen sich heben: das könne für mich doch wirklich nur, so hörte ich in Bonn und München, eine kauzige Episode sein, und eine große Stuttgarter Zeitung nannte es schlicht Gefühlsduselei.

Es fehlt hier an der Einsicht, daß der Politiker, nicht anders als der

Jornalist, eine Sache nur dann wirklich voranbringen wird, wenn zumindest sein Basiswissen eigener praktischer Erfahrung entstammt. Fehlt es daran, so fehlt es gerade den besten, weil selbstkritischen Politikern auch an der Festigkeit des Auftretens, am Durchsetzungsvermögen; spüren sie doch, ein wie unsicherer Grund Archive und Referentenunterlagen als Ersatz für solides eigenes Wissen sind. So kommt es zu den ewig schwankenden Gestalten auf dem politischen Hochseil, die wenig mehr als den Beifall ihrer Parteifreunde als Balancierstange haben. Es ist eine unerfüllbare Forderung, dies Feldpraktikum auch für hochgestellte politische Naturschützer, ich weiß das natürlich. Dennoch gilt: Wer niemals inmitten der freien Natur mit dem Rücken an der Wand einer jener Betonburgen des anlagesüchtigen Großkapitals stand, im Stich gelassen vom Gesetz, politisch ausmanövriert und mit keiner anderen Waffe mehr als seinem Zorn, der hat das bittere Geschäft des Naturschutzes niemals wirklich betrieben.

Und gerade der wissenschaftlich geschulte Ökologe sollte über solche Emotionen nicht lächeln. Sie sind die Bluttransfusionen, die den kranken Körper der Natur am Leben erhalten bis hin zu dem Tag, an dem die Ökologie endlich das Therapeutikum Wissen parat haben wird, auf das die vielfältigen Gifte unserer Zeit hier und da noch anzusprechen scheinen. Noch aber sind die Erkenntnisse der jungen Wissenschaft Ökologie zu dürftig, als daß der private Naturschutz sich mit ihnen als seiner einzigen Waffe in die Auseinandersetzung mit seinen vielen Gegnern begeben dürfte. Das wenige freilich, das als wissenschaftlich gesichertes Ökologiewissen zu gelten hat, rechtfertigt unsere zuweilen emotional vorgetragenen Ängste vollauf.

Noch weniger als der Fachwissenschaftler hat der Politiker ein Recht, sich über emotionale Äußerungen aus dem – ich sage das Wort noch einmal – Bettelorden der Naturschützer pharisäerhaft zu erheben. Abgesehen davon, daß niemandem rascher als gerade dem Politiker das strenge Sachargument in die Emotion, ja, in die Polemik und Demagogie davonläuft, sind auch die von den Regierenden, wenn auch nur säuerlich, abgesegneten Bürgerinitiativen nichts anderes als emotionalisierte Politik. Ihre oft spektakulären Erfolge liefern den Beweis für die neurologische Erkenntnis, daß der Mensch am besten im Affekt lernt. (Wohlgemerkt: Ich spreche vom Lernen, nicht vom Erkennen, denn der Erkenntniswert des Affekts – auch des moralischen – ist sicherlich nicht sehr hoch zu veranschlagen.) Die Gehirnchirurgen wissen längst, daß die Zerstörung des Hippocampus im limbischen System, wo die Emotionen angesiedelt sind, dem betroffenen Menschen die Aufnahme neuer Gedächtnisinhalte unmöglich macht.

Mit dieser wissenschaftlich abgesicherten Schlußbemerkung einer ketzerischen Rede hoffe ich, den vielen Sachlichkeitsaposteln die Emotion ein wenig unverdächtiger gemacht zu haben. Sie ist des Menschen menschlichster Teil, die leidenschaftliche Schwester des kalten Verstandes und verwerflich nur dort, wo sie nicht mehr von Wissen kontrolliert wird und zur schieren Demagogie entartet.

Was aber wäre an der Natur, aus der wir alle stammen, zu demagogisieren? Mit einer Mutter wurde noch niemals Terror ausgeübt.

Naturschutz gegen Menschen?

Eine Rede vor dem Deutschen Naturschutztag 1974 in Berchtesgaden über die Konflikte zwischen Naturschutz und Massenerholung.

Als mir von der Arbeitsgemeinschaft Deutscher Beauftragter für Naturschutz und Landschaftspflege das Thema dieser Rede angetragen wurde, da lautete es: «Was muß der Bürger vom Naturschutz erwarten?» Ja, was wohl? dachte ich beklommen. Was, um Gottes willen, haben wir Naturschützer dem mündigen Bürger bisher anderes vorenthalten als vielleicht ein paar schlechten Gewissens verheimlichte Seeschwalbenkolonien und Orchideenstandorte, daß wir uns nun so barsch zu fragen hätten, was der Bürger von uns erwarten müsse?

Es fiel mir dazu nur Festtägliches ein, etwa die Verwirklichung des menschlichen Naturrechts auf eine heile Umwelt. Aber es ist weniger der Festtag, als vielmehr der Alltag des Naturschützers meine Domäne. Also bat ich darum, die Fragestellung umkehren zu dürfen. Und so heißt sie nun: «Was muß der Naturschutz vom Bürger erwarten?»

Die Frage so stellen, heißt den gesellschaftlichen Rang des Naturschützers neu bestimmen, heißt das Ende der jahrzehntelangen krummrückigen Bescheidenheit auch im Naturschutz ankündigen, heißt nicht mehr länger durch die blaue Blume der Romantik sprechen, sondern, wenn's sein muß, mit dem harten Vokabular der politischen Auseinandersetzung. Der Mensch, so höhnen die technokratischen Macher bei jeglicher Umweltzerstörung, sei ein extrem anpassungsfähiges Wesen. Nun gut denn, passen wir uns an, oder gehen wir unter, hinausselektioniert aus einer Computergesellschaft wegen Übergewichtigkeit des Herzens und aus Mangel an einer Art von Verstand, die im Industriezeitalter nach einem Wort des Adorno-Schülers Walter Hoeres kaum mehr die Komtemplation der Welt zum Ziel hat, sondern die Herstellung einer Welt von nützlichen Produkten, an denen sich zu freuen niemand mehr recht fähig ist vor lauter ungehemmter Jagd nach dem Nutzen.

Es ist an der Zeit, meine ich, daß die Naturschützer endlich ein paar Dinge deutlich aussprechen. Zum Beispiel werden sie zu Komplizen einer opportunistischen politischen Geisteshaltung, wenn sie nicht endlich sagen, daß ein ernst zu nehmender Schutz vieler schwer gefährdeter Lebensräume für selten gewordene Tiere und Pflanzen notgedrungen ein Naturschutz gegen Menschen ist.

Die Angst vor dem Makel der Menschenfeindlichkeit hat uns immer wieder verführt zu sagen, wir schützten die Natur *vor* dem Menschen *für* den Menschen. Ich habe das auch schon gesagt. Heute weiß ich, daß es falsch ist. Wer so redet, läßt um des lieben persönlichen Friedens willen wissentlich außer acht, daß der Mensch von morgen noch weit mehr Natur verbraucht haben wird als der Mensch von heute schon; daß er also zu seiner sogenannten Erholung noch stärkeren Druck auf die letzten intakten Tier- und Pflanzenrefugien ausüben wird, die nach einem Bild des Landschaftsökologen Wolfgang Haber kleine Inseln im Meer unserer Hochzivilisation sind.

Haber nannte in einer Rede vor Schweizer Parlamentariern auch einige Beispiele für die Folgen eines politischen Denkens, das in den Begriffen Naturschutz und Erholung Synonyma sieht. Man wisse, sagte Haber in Bern, daß 100 Menschen pro Stunde auf einem Pfad die Randvegetation zerstören können. (Den aktuellen Bezug dazu liefert Klaus Thiele in der neuen, aus dem Bayerischen Wald kommenden, ganz vorzüglichen Zeitschrift *Nationalpark*. Er sagt, daß wegen des starken Fußgängerverkehrs im Nationalpark Bayerischer Wald auf dem Weg zwischen Rachelsee und Rachelgipfel auf einem immer breiter werdenden Band keine Pflanzen mehr hochkommen.)

Haber zitiert weiter einen Fall aus Holland, aus dem Naturschutzgebiet Terhorsterzand, einem Heide-, Moor- und Binnendünengebiet von immerhin 87 ha. An den Nordteil dieses Gebiets grenzt ein großes Jugenddorf, das alljährlich an einem «Tag der Jugend» etwa 6000 Kinder zusammenführt, die dann einen halben Tag lang im Nordteil dieses Naturschutzgebiets spielen dürfen. Es handelt sich also um eine Nutzung durch 6000 Menschen während nur weniger Stunden im Jahr. Dennoch ist der Nordteil gegenüber dem Südteil des Naturschutzgebiets in seinem Tier- und Pflanzenbestand deutlich verarmt.

Von einem kleinen Hochmoorschutzgebiet südlich von Hamburg wird berichtet, daß schon eine einzige Exkursion von Naturfreunden, also von einschlägig gebildeten Menschen immerhin, zu irreversiblen Schäden führte. Und in einem holländischen Binnendünengebiet mit Mooreinschlüssen, dem Buurser Zand, wurde die Moosdecke durch starken Publikumsverkehr zerstört. Man hat das Gebiet dann abgesperrt und festgestellt, daß fünf Jahre vergingen, bis die Pflanzendekke sich endlich regeneriert hatte. Weit empfindlicher noch nennt Haber Meeresdünen, die dem Wind stark ausgesetzt sind. Hier genüge ein zwei- bis dreimaliger Aufenthalt von nur wenigen Personen an einem Platz, um dem Wind einen Angriffspunkt zu bieten, von dem aus er eine ganze Düne aufzurollen imstande sei.

Es gibt in der Bundesrepublik an die 1000 Vollnaturschutzgebiete. Ich bezweifle, ob auch nur ein einziges darunter ist, dessen Pfleger nicht ähnliche, zum Teil nie wiedergutzumachende Schäden durch massierte Erholungsnutzung melden könnte. Ich pflege selber ein unter starkem Besucherdruck stehendes Vollnaturschutzgebiet, eine kleine verschilfte Bucht am östlichen Bodensee. Nur die Fairneß meinem Landrat gegenüber, der sich mit mir unter kaum jemals anzutreffender Gefährdung seines politischen Erfolges um die Rettung einiger ökologischer Nischen bemüht, verbietet es mir hier, den zehnjährigen Leidensweg eines selten gewordenen Tierrefugiums bis an die Grenze seiner totalen Vernichtung breitzutreten. Wir versuchten die Rettung ein Jahr lang mit ausgeschilderten Appellen an den Gemeinsinn der Bürger und ihrer Sommergäste, mit Informationen in der Lokalpresse und Bitten an Lehrer und Schüler. Es war vergeblich. Nun kommt der Zaun. Und prompt kommt nun auch die Diffamierung des Naturschutzes als menschenfeindlich seitens einiger Schmalspurpolitiker. Aber wem sage ich das – hier im Saal sitzen einige hundert Zeugen für meine Sache.

Das politische Übergewicht der Manipulatoren moderner Massenerholung, hinter der sich immer auch starke wirtschaftliche Interessen schamhaft verbergen, ist überall in der Bundesrepublik evident. Über die Tische der Naturschutzbeauftragten gehen in sanftem, nie endendem Strom die Anträge der Gemeinden auf staatliche Zuschüsse zu ihren Freizeit- und Erholungsprojekten. Das reicht vom Wunsch auf Ankauf zweier Bambis fürs kleine Tiergehege, über den Wanderweg und das beheizte Schwimmbad, bis hin zum kolossalen Freizeitzentrum, und immer liegen die Objekte, das ergibt sich aus der Sache, in bevorzugter, oftmals geschützer Landschaft.

Natürlich, man fragt uns Naturschützer, bevor der Staat bezahlt. Aber wer von uns hat schon die Nerven, die Haßgefühle seiner erschließungsfreudigen, von reisenden Politikern zum Handaufhalten ermunterten Mitbürger auf sich zu ziehen, etwa indem er Einspruch erhöbe gegen die großflächige Überbauung eines gesetzlich geschützten Seeufers mit einer Freizeitanlage für schlichte sieben Millionen Mark. Abgesehen von der Nutzlosigkeit eines solchen David- und Goliath-Spiels würde die Verzögerung des Baubeginns, die unsereiner allenfalls bewirken könnte, in einer Zeit der Geldentwertung lediglich einen kostentreibenden Effekt haben, also zusätzliche Steuermittel verlangen.

Bürgerinitiativen? Bürger sind für den Naturschutz nur dann zu haben, wenn er die eigenen Interessen nicht schmälert. Auch haben Bürgerinitiativen an Wirksamkeit verloren, seit man nach einem Bonmot des baden-württembergischen Umweltministers Brünner nur irgendwo eine Meßlatte ins Erdreich zu treiben brauche, um dann darauf warten zu können, daß sich alsbald protestierende Bürger um sie versammelten.

Und stellt sich unsereiner einmal auf die Hinterbeine, so kann er staunend erleben, wie nahtlos Erholung und Naturschutz in einem rein politisch funktionierenden Gehirn zusammengehen. Ich wehrte mich einmal mit Nachdruck gegen die aus dem Erholungsprogramm subventionierte Anlage eines großen Parkplatzes im Außenbereich, unmittelbar bei der Kasse eines dörflichen Freibades, das nur eine kurze Saison von allenfalls fünf Monaten hat. Der Parkplatz würde also, so argumentierte ich ökologisch fiskalisch, den größeren Teil des Jahres als riesiger leerer Teerfleck in der freien Landschaft liegen, und ob es den Badbenutzern denn nicht zuzumuten sei, die nur 300 Schritte vom Ort zum Freibad zu Fuß zurückzulegen.

Man belehrte mich, daß es die arbeitende Bevölkerung, die nach Feierabend zum Baden strebe, nicht verstehen würde, wenn man sie auf ihre Füße verwiese. Mein Einwand, die im Sitzen oder Stehen arbeitende Bevölkerung habe nach Feierabend nichts nötiger als 3000 Schritte zu Fuß in der Natur, unbelästigt von Abgasen und Lärm, war der total unpolitisch gedachte und darum nutzlose humanökologische Einwand eines Mannes, der gut reden hatte: Er war ja nicht auf Wählerstimmen angewiesen.*

* Nach dieser Rede erging an die fragliche Gemeinde überraschend der Bescheid der Obersten Naturschutzbehörde, daß das Projekt nicht bezuschußt werden könne wegen der Geräusch- und Geruchsbelästigungen eines Freibades durch einen benachbarten Großparkplatz.

Von dieser Randepisode sind zwei bedeutsame Dinge abstrahierbar: die Gefahren, die der Natur aus einem machtpolitisch gehandhabten Naturschutz erwachsen, und ein überwiegend als Landschaftserschließung verstandenes Konzept der Freizeit und der Erholung, das einer körperlichen und geistigen Gesundung der Menschen nicht immer dient.

Die Erfahrung gibt dem Ökologen Haber recht, wenn er sagt, daß sich das Naturbedürfnis der weitaus meisten Menschen auf sehr einfache, auch heute noch ausreichend bereitzustellende Landschaftsbilder richte: eine blühende Wiese etwa, ein hübscher Waldrand, ein Bach, ein Strand, eine malerische Baumgruppe. Die Standorte seltener Tiere und Pflanzen dagegen würden in der Regel enttäuschen, mit ihnen fingen die meisten nichts an.

Würden die Strategen der Landesplanung und des Fremdenverkehrs danach verfahren, so wäre die Zusammenarbeit mit dem Naturschutz weit konfliktärmer als sie es derzeit ist. Die absolute Menschenfeindlichkeit des biologischen Naturschutzes beginnt ja erst an den Grenzen relativ weniger seltener Ökosysteme, die der Mensch zur Stillung seines legitimen Bedürfnisses nach einer Teilhabe an der Natur nicht braucht, ja, von sich aus nicht einmal sucht.

Was ihn dorthin treibt, das ist meist eine aufs Sensationelle gerichtete Neugier, wie sie seit Jahr und Tag von einer gedankenarmen Fremdenverkehrswerbung geweckt und am Leben erhalten wird. Das Adjektiv «selten» hat in ihren Schriften die verhängnisvolle Funktion eines Magneten. Indem die Kommunen ihre Werbung damit reichlich schmücken, verschleiern sie, wie gering oft ihr eigener Wille an der Bewahrung selten gewordener Tier- und Pflanzenstandorte durch den Naturschutz ist. Wäre es anders, würden sie ihm nicht mit einer kommerzialisierten Preisgabe der Standorte in den Rücken fallen. Sie verhalten sich wie einer, der um eines vorübergehenden Vorteils willen sein Erbe verschleudert.

Ich habe schon einmal den Satz gehört, daß Schöpfungen der Natur, die den Menschen nicht auszuhalten vermögen, den Aufwand ihres Schutzes nicht verdienten. Diese Mentalität steht auch hinter den Buch- und Zeitschriftenveröffentlichungen, die sich speziell an Naturfreunde wenden. Minutiös gezeichnete Karten weisen auf die Standorte seltener Tiere und Pflanzen hin, und die Hinzufügung ihrer lateinischen Namen verleiht solchen Publikationen einen Anstrich von Wissenschaftlichkeit. Ihre redaktionellen Einleitungen indessen lassen regelmäßig den Zweifel der Verantwortlichen an der Weisheit ihrer Handlungsweise erkennen, indem sie meist dem Sinne nach postulieren, die Natur sei schließlich dazu gemacht, den Menschen zu erfreuen; eine im verborgenen blühende Orchidee, die nur den botanischen «Profi» ergötze, mache ihr mit dem Steuergeld aller Bürger erkauftes, geheimes Dasein fragwürdig. Auch wende man sich mit der Veröffentlichung ja nur an einen wissenden Kreis von naturverbundenen Menschen.

Dazu ist zu sagen, daß es an Störwert weniges gibt, das sich mit der Suchintensität eines Naturfreundes vergleichen ließe, wenn er seiner Naturverbundenheit mit Bestimmbuch und Kamera nachgeht. Zehn achtlos an einem Gelege vorbeispazierende Touristen richten weniger Schaden an, als ein zielgerichteter Tierfotograf. Ich weiß, wovon ich rede; ich wurde nicht ohne das spätpubertäre Durchgangsstadium eines Saulus zum Paulus.

Auch gibt es nicht wenige Naturfreunde, die das, was sie in ihren Führern schwarz auf weiß besitzen, nicht ganz bei Trost auch nach Hause tragen wollen. Sie halten den grünen Anorak und das Fernglas schon für den Ausweis der Berechtigung, sich die Natur speziesweise aneignen zu dürfen. Der Seeadler bei uns stirbt nicht nur an Pestiziden aus. Es haben ihn auch naturverbundene Eiersammler auf dem Gewissen, dergestalt, daß sie bereit sind, Preise zu zahlen, die es für gewissenlose Menschen erst verlockend machen, die Eier zu rauben. Ähnliches gilt für den Wanderfalken, einige Schmetterlingsarten und eine Vielzahl von Pflanzen. Nur zu oft wurde die Begehrlichkeit, eine auf seltene Arten gerichtete Sammelleidenschaft, erst während einer seriösen Exkursion geweckt.

Es ist an der Zeit für Naturschützer, meine ich, auch dies einmal deutlich zu sagen, wenn sie sich nicht weiterhin dem Verdacht aussetzen wollen, die Natur für den Privatgebrauch einer elitären Minderheit konservieren zu wollen.

Denn so ist es doch nicht. Der Artenschutz, den wir mit dem totalen Wegegebot und notfalls mit Zäunen zu betreiben haben, reicht ja weit über die konservierende Denkmalspflege hinaus. Wir bewahren letzte intakte Biotope als ökologische Zellen, als Bewahrungsorte eines genetischen Materials, aus dem heraus Verjüngung und Vermehrung stattfinden kann. Hieraus auch erklärt sich der Landhunger des Naturschutzes, sein Kampf um neue, zur Wiederbesiedelung mit lokal verlorengegangenen Tier- und Pflanzenspezies geeignete Gebiete.

Es ist schlechterdings unbegreiflich, wenn dann politische Lokalmatadore sich zu Pseudoanwälten der Menschheit aufwerfen, indem sie an Biertischen und in Provinzzeitungen verbreiten, der Naturschutz wolle das ganze Land unter eine Glasglocke stellen und jeden wirtschaftlichen Fortschritt abwürgen. Es ist der wirtschaftliche Fortschritt, der überall die Natur abgewürgt und in die hintersten Winkel der Republik verdrängt hat. Und in diese Winkel nun will man mit Straßen und Seilbahnen auch noch hinein, man will sie bereichern mit dem Duft von Autoabgasen und Bratwürsten und mit dem Schund der Andenkenkioske.

Man *muß* in sie hinein, weil man im Namen des Fortschritts die zugängliche Natur längst durch eine hektische Urbanisierung einer ungeheueren Verarmung unterworfen hat, die nun anfängt, die Gäste abzustoßen. Neue Attraktionen müssen her, und wenn darüber, wie im Harz, ein großes Hochmoor von einmaligem wissenschaftlichem Wert zum Teufel geht. Hier maßte sich ein Ministerpräsident sogar an, die Ökologen über Wert und Unwert dieses Moores öffentlich zu belehren. Ich rede vom Bruchbergmoor, das man zur Belebung eines stagnierenden, mitten in der Waldlandschaft stehenden riesigen Bettenbergs aus Betonhochhäusern mit einer Seilbahn erschließen wollte. Aber von den Seilbahnen anderer Leute sollten wir hier in Bayern wohl nicht reden.

Sehen wir den Tatsachen endlich ins Auge: Unsere Versprechungen auf herkömmliche menschliche Erholung in Naturschutzgebieten von morgen sind unredlich, denn Naturschutz geschieht nicht primär für den erholungssuchenden Menschen. Insbesondere deshalb nicht, weil Erholung heute unter den Bedingungen des Massentourismus zur anstrengenden Verbringung von Freizeit degeneriert ist und deshalb in der ethischen Wertigkeit hinter dem Schutz unersetzlicher Naturdenkmäler rangiert. Erweist sich der Begriff Erholung aber als Fetisch, an dem allenfalls Wirtschaft gesundet, dann ist es nicht zu verantworten, ihm weiterhin sinnlos auch kostbarste Natur zu opfern. Es wird immer übersehen, daß auch eine überbeanspruchte Natur Räume braucht, in denen sie sich erholen kann.

Der Naturschutz muß vom Bürger erwarten, daß er 115 Jahre nach Darwin endlich aufhört, sich als das Maß aller Dinge zu begreifen, als omnipotenter Herr über Leben und Tod der Tiere und der Pflanzen. Sie haben, wie er, ein Naturrecht auf Verwirklichung ihres Lebens. Sie haben es auch, wenn es dem Menschen nicht den geringsten seelischen oder materiellen Nutzen bringt. Sie haben es selbst dann, wenn zur Verwirklichung dieses animalischen und vegetativen Lebensrechts notfalls die totale Aussperrung des Menschen aus letzten intakten Naturräumen gehört.

Wer den persönlichen Mut zu dieser zutiefst ethischen Wahrheit nicht aufbringt, der mag den Naturschutz in Reden betreiben, das ist ja auch ganz nützlich. Draußen im Feld aber, das übersät ist mit Landschaftsruinen als den Zeichen unserer bitteren Niederlagen und schmählichen Rückzüge, bringt uns Kleinmütigkeit nicht mehr weiter. Wir haben zuviel schon verloren, als daß wir es uns leisten könnten, noch mehr durch Anpassung an politische Opportunitätsprinzipien aufs Spiel zu setzen.

Was haben wir denn zu fürchten? Diese Sache Naturschutz ist die beste, die lebenswichtigste der Welt. Es stehe einer, der auch mit Natur befaßt ist, hier auf und sage uns, er habe in dieser Sache ein reineres Gewissen als wir, die wir aus der Natur keinerlei materiellen Gewinn, nicht einmal mehr den immateriellen der Lust am Beobachten, geschweige denn der am Schießen ziehen. Wir können nur noch die Achseln zucken, wenn man uns immer wieder zu verstehen gibt, wir schützten die Natur für uns selber, zum eigenen, durch Mitmenschen nicht gestörten Vergnügen an Pflanzen und Tieren.

Unser Vergnügen an Pflanzen, an Tieren, ist mittlerweile das Vergnügen eines amtlich bestellten Konkursverwalters, der die traurigen Restposten eines Gesellschaftsbankrotts zusammenzählt, während die Bankrotteure draußen im Land verkünden, es sei zur Befriedigung aller noch genügend da. Sie glauben es sogar, weil ihnen aus dem eiligen Auto heraus jeder Fichtenreinbestand und jeder Fasan als Naturpotential erscheint, und so gesehen, haben wir ja auch wahrlich Natur genug.

Und also spekuliert man weiter über seine natürlichen Verhältnisse, zum Beispiel mit der Hochgrat-Erschließung im Allgäu, mit der Verdrahtung des Watzmanns; mit der Bebauung des Herrenbergs bei Prien am Chiemsee; mit der experimentellen Technisierung des Donaurieds; mit der Dezimierung des Reichswaldes bei Nürnberg.

Diese Aufzählung erhebt weder Anspruch auf Vollständigkeit,

noch sollte die ausschließliche Nennung bayerischer Wundstellen jemanden glauben lassen, der weißblaue Freistaat ginge besonders schluderig mit seinem Produktivkapital Landschaft um. Das tut er eher weniger als andere Bundesländer, die ich kenne. Auf den Gedanken, beispielsweise, ein Autodrom in einen Naturpark zu bauen, ist man hierzulande noch nicht gekommen. Auch haben es Rottach-Egern, Garmisch-Partenkirchen und Berchtesgaden trotz ihrer Riesenschritte in die Zukunft noch sehr weit bis Heiligenhafen, Damp und Westerland. Es erheben im Bayerischen Wald auch höchstens erst drei oder vier Hochhäuser ihre leeren Augen über die Kammlinie der Berge. Und die neue Rennstrecke an der Basis des Nationalparks Bayerischer Wald ist auch nur zweibahnig ausgebaut gegenüber den vier Spuren durch den Harz dort, wo er am harzigsten ist. Zwar meldet das Haus unseres Gastgebers, das Bayerische Staatsministerium für Landesentwicklung und Umweltfragen, per Pressemeldung auch sehr gern jede Million, die man in die Popularisierung schwieriger und deshalb relativ wenig frequentierter Skipisten, auch in Schutzgebieten, gesteckt hat, aber man liest auch von öffentlichen Forderungen des Ministers, Fremdenverkehrsgroßprojekte, die eine Verstädterung von Erholungsgebieten mit sich brächten, «besonders kritisch zu prüfen». Das wird seinen Eindruck auf kommunale Planer und regionale Prüfer gewiß nicht verfehlen. Die noch geplanten Bettenberge im Allgäu sowie am Chiemsee – um nur diese zu nennen – werden es erweisen.

Es scheint mir in dieser nur allzu begründeten Sorge des Ministers ein Dämmerlicht aufzuscheinen, ein neuer Anlauf zur Tat aus der Einsicht heraus, man könne den von jedermann begehrten Kuchen Landschaft nicht weiterhin von jedermann essen lassen und ihn gleichzeitig bewahren. Behält die verwaltete Natur aber, wie es üblich geworden ist in der Bundesrepublik, ihren Charakter als ein Schleifstein, der für schärfebedürftige Politikerprofile bunte rhetorische Funken hergibt, dann wird sie auch weiterhin den gesellschaftlichen Kräften unterliegen, die an ihrer Nutzung interessiert sind und gleichzeitig den Politiker tragen. Dann wird Natur zur Magd der Politik und letztlich beschädigt.

Ich bin mir im klaren darüber, daß diese Rede dem Zitatmißbrauch Tür und Tor öffnet. Ich lese im Geist schon die Schlagzeilen, höre die Kommentare unserer Gegner. Sie werden schreiben und sagen, der Naturschutz gebe sich als menschenfeindlich zu erkennen. Er verlange offen die Aussperrung der Urlauber aus den Bergen und von den Ufern der Seen. Das muß um der Wahrheit willen, die wir uns an diesem Tage selber schulden, ertragen werden. Es trifft uns nicht. Wir wissen, daß es so nicht ist.

Unsere wahren Absichten verdeutlicht wiederum am besten Wolfgang Haber, der von uns allen wohl am tiefsten über den Widerstreit zwischen der Erholungsnutzung der Natur und ihrem Schutz nachgedacht hat. Zu seiner Metapher vom gefährdeten Inselcharakter letzter echter Naturreservate fügte er das Bild vom Deich hinzu, den es zur Abwehr zerstörerischer zivilisatorischer Kräfte zu errichten gelte. Aber es müssen nach Haber Deiche sein, die mit langer, sanfter, fast unmerklicher Steigung ihre unüberwindliche Krone erreichen. So könnten sich die aus der Massengesellschaft gegen die Inseln anbrandenden Energien konfliktfrei totlaufen.

In den planerischen Alltag übersetzt heißt das nichts anderes, als daß wir der Freizeit des Menschen Räume überantworten, die ihn ästhetisch befriedigen und durch ihre Größe ein Verlaufen der Massen begünstigen, so daß ein echter Erholungseffekt zustande kommen kann. Diese Naturräume werden bei aller Schönheit von minderer Empfindlichkeit gegenüber starker Gebrauchsnutzung sein, und sie werden durch ihre Deichfunktion im Sinne Habers den Druck von den letzten empfindlichen Inseln nehmen. Das scheint mir ein Kompromiß zu sein, dem die Gesellschaft zustimmen kann, wenn sie sich von späteren Generationen nicht den Vorwurf der egozentrischen Barbarei im Umgang mit der Restnatur machen lassen will.

Naturparks können solche Deichfunktionen ausüben, wären auch sie nicht schon wieder der Gefahr der touristischen Verrummelung ausgesetzt, würde auch in ihnen nicht schon wieder Landschaft für Geld prostituiert und damit auf lange Sicht ihrer Erholungsfunktion beraubt. Diese Naturparks sind vor allem in Süddeutschland – mit Ausnahme Bayerns – ohne Leitbild. Sie entwickeln sich weitgehend nach den kommerziellen Wünschen der um Tourismus bemühten Kommunen. Das Gedrängel der Landkreise nach dem Etikett «Naturpark» zeigt nur zu genau, wohin die Reise geht. Das Ziel heißt:

…land ein Naturpark!
… statt dessen maßvoll Natur, dann ließen sich in … mit unserer Hilfe dem Massentourismus nicht nur … ern allmählich auch neue Inhalte geben. Er ist mit … n Formen eines herkömmlichen Zeitvertreibs über- … re Gelegenheit zu der unmerklichen Erziehung der … tung auf ein neues Harmonieverständnis, das Kon- … einzigen Ausweg aus der ökologischen Krise sieht. … auf eine diskret pädagogische Weise, wie unsere Natio- … parkleute sie pflegen, Naturwissen an den gelangweilten Mann bringen. Hier ließe sich ohne Zeigefinger Demut und Moral lehren angesichts der stillen Geschöpfe der Natur. Hier könnte menschliche Hybris wieder lernen, sich einzuordnen in einen Kreislauf, aus dem wir zu unserem leiblichen und seelischen Schaden ausgebrochen sind. Die ärztlich-psychologische Beratungsstelle der Universität Göttingen sagt, daß mehr als dreißig Prozent aller Studenten (und das gewiß nicht nur in Göttingen) unter therapiewürdigen psychischen Störungen leiden. Ihnen und den vielen anderen am Leistungsdruck unserer Gesellschaft depressiv leidenden Menschen ist mit einer Neckermann- oder Scharnowreise kaum zu helfen.

Und so ist denn nicht ein opportunistisches Reden nach dem Plappermund des Zeitgeistes der wahre Menschenschutz. Es ist ja nicht *der* ein Feind des Menschen, der ihm die letzten noch im Einklang mit der Natur lebenden Gestalten aus dem Tier- und Pflanzenreich erhalten will, damit er sich durch die Vermittlung der Wissenschaft an ihnen das verlorengegangene Maß zurückholen kann. Es ist der ein Feind des Menschen, der es dem Naturschutz verwehrt, dies Urmaß im Gedächtnis unserer Art zu bewahren. Denn geht die Natur verloren, geht auch der Mensch verloren.

Zum unfestlichen Schluß habe ich mich der Pflichten zu unterziehen, aus der Sicht des Naturschutzes einige Bemerkungen zum neuen bayerischen Alpenpark, besonders zu seinem Kernstück, dem Nationalpark Königssee, zu machen. Man wird zu diesem Zeitpunkt der großen Worte und der kleinen Taten kein abschließendes Urteil erwarten, doch dies ist heute schon zu sagen: Unsere Freude hält sich in Grenzen. Unser Dank hat noch Zeit.

Ließ uns das monatelange Gezerre um politische Macht und persönliches Prestige, auch um die Bewahrung herk zungsinteressen schon nichts Gutes ahnen, so wissen wenn nicht noch ein parlamentarisches Wunder ges deutschen Nationalpark beschenkt wurden, dessen bayerisches, auf Tourismus versessenes Landratsamt integriert wurde. Es war der kleinste politische Nenner, auf den der größte deutsche Nationalpark sich bringen ließ. Politik als Kunst des Unmöglichen, denn nun regieren drei Ministerien in den Park hinein.

Cherchez la femme! pflegt man zu sagen, wenn man das Motiv für eine scheinbar unerklärliche Tat sucht. Da muß man in diesem Fall nicht lange suchen: Die Dame heißt Diana. Weil der eigentlich für die jagdliche Nutzung der Natur zuständige Minister die Jagd im Nationalpark, wie weltweit üblich, ruhen lassen wollte zugunsten einer wissenschaftlich zu ermittelnden humanen Wildreduktionsmethode, hingegen der eigentlich für den Schutz der Natur zuständige Minister so etwas den gesellschaftlich potenten Jägern nicht antun mochte, gerieten beide Herren so aneinander, daß schließlich ein weder für Naturnutzung noch für Naturschutz, noch überhaupt für Natur zuständiger Dritter, nämlich der Innenminister, zuständig wurde. Auch das ist ein Stück Jagd als angewandter Naturschutz.

Es schreibt die Jagdpresse die Berufsbezeichnungen Biologe und Ökologe, sofern deren Träger eine der Jagd unliebsame Meinung veröffentlichen, nur noch in Gänsefüßchen. Auf solchem intellektuellen Niveau zu antworten, ist nicht leicht. Versucht man es, müßte man schon einige Jagdfunktionäre fragen, was denn wohl Flinten tragende Rechtsanwälte, Verbandsmanager, Fabrikanten, Staatssekretäre und andere, in ihren Berufen gewiß höchst tüchtige und ehrenwerte Männer qualifiziere, sich über hauptberuflich tätige und auch jagende Wildbiologen und Forstwissenschaftler zu erheben. Wir sollten diesen infantilen Unfug endlich lassen.

Die Jagd sollte auch den intellektuell unredlichen Umgang mit Zitaten aus der wissenschaftlichen Literatur lassen. Der neueste Kronzeuge der Jäger für die von ihnen gewünschte Beibehaltung der Jagd auch in der Kernzone des neuen Alpenparks ist der verehrungswürdige Nestor der bayerischen Forstwissenschaft, Josef Nikolaus Köstler. Der Landesjagdverband Bayern zitierte Köstlers Gutachten zum Alpenpark mit diesem einen Satz: «Die Ausschaltung der Jagd in der Kernzone ist aus Gründen des Waldschutzes und der Wildpflege abzulehnen.» Den Satz genau davor, der das Zitat entscheidend relativiert, ließ man weg. Er lautet: «Rotwild- und Rehwildbestände verlangen auf einige Jahrzehnte eine beträchtliche Verminderung.» Dieser Satz beschreibt lapidar die zentrale, die wesentlichste Forderung des Naturschutzes an die Jagd besonders im Alpenraum. Mit dem einen Unterschied: Wir glauben nicht mehr, noch 50 Jahre Zeit zu haben.

Nichts anderes also als die kompetente Meinung des von ihr selbst benannten Kronzeugen der Jagd, das Schalenwild müsse in der Kernzone des Alpenparks auf Jahrzehnte hinaus beträchtlich vermindert werden, ist der Urgrund unseres unerquicklich gewordenen Familienstreits – ein Streit, unter dem der Alpenpark sowohl biologisch als auch organisatorisch noch zu leiden haben wird wie unter nichts sonst, wenn wir ihn nicht schleunigst beenden.

Gäbe man auf seiten der Jagd endlich einmal der Öffentlichkeit gegenüber unumwunden zu, was Köstler und andere Fortwissenschaftler in der Schalenwildfrage * seit Jahrzehnten sagen, so wäre der Weg frei für sachliche Gespräche. Daß man der Öffentlichkeit aber diese Wahrheit nicht nur vorenthält, sondern auch noch jene, die sie verbreiten und Konsequenzen daraus verlangen, als «linke Ideologen» und «Systemveränderer» diffamiert, das läßt uns fürchten, es gehe der Jagd in erster Linie um die Wahrung eines materiellen Besitzstandes. Es läßt uns nicht mehr recht daran glauben, die traditionelle, die sogenannte waidgerechte Jagd mit ihren vielen biologischen Widersprüchen könnte noch ein taugliches Mittel zur Verwirklichung auch nur der Köstlerschen Zeitvorstellungen sein. Es könnten unsere Nachkommen sehr wohl im Nationalpark nach 50 Jahren noch mit den gleichen waldschädlichen Wildständen dastehen wie wir Heutigen.

Der Grund des Widerstands ist klar: Eine Verdünnung des Scha-

* Der durch des Autors Rothirschfilm einer breiten Öffentlichkeit bekanntgewordene Begriff «Schalenwildfrage» bezeichnet eine aus Jagdleidenschaft betriebene Überhege, sprich: unbiologische Zucht von Hirschen und Rehen. Ihre Zahl, die lokal bis zum Zehnfachen des gesetzlich Erlaubten geht, belastet die Wälder. Der Verbiß junger Baumpflanzen durch die Tiere macht eine natürliche Verjüngung der Wälder sehr oft unmöglich. Das weitere Verdringen der vom Wild nicht gern angenommenen Fichte, die ökologisch instabil ist und nur mindere Schutzfunktionen für Mensch und Landschaft hat, ist die katastrophale und für die Allgemeinheit kostspielige Folge. Hier kann nur eine radikale Verminderung der Wildbestände helfen, gegen die viele Jäger sich wehren.

lenwilds in den Alpen, wie sie Köstler und vielen anderen Wissenschaftlern vorschwebt als Voraussetzung für naturnahe Bergmischwälder, würde den meisten hochmögenden Jagdherren den Spaß an ihrem Hobby gründlich verleiden. Ich sage es offen: Uns wäre das recht. Die Jäger, die dann noch in den Bergrevieren jagen würden, das wären unsere Freunde, seien sie nun Profis der Büchse oder Profis des Geldes, das ist uns gleich. Mit ihnen gäbe es keinen Streit. Es ist uns ja nichts gelegen an wildreinen Wäldern, wie man uns stets, obwohl man es besser weiß, unterstellt. Wir wollen nicht das Wild ausrotten. Wir wollen eine Jagdmentalität ausrotten, der Wild vor Wald geht, und die Trophäe noch vor Wild. Jahrzehnte darf das nicht mehr dauern, wenn man es ehrlich meint mit der Natur.

Sie, Herr Staatsminister Streibl*, haben es für richtig gehalten, uns Naturschützer in einer Rede vor den Jägern verbal zu züchtigen. Ihre weithin publizierte Schelte gipfelte in dem absolutistischen Satz: «Das Sagen im Naturschutz haben wir.» Wen immer Sie unter diesem «wir» meinten – erlauben Sie mir dazu bei allem Respekt, den der Gast dem Gastgeber schuldet und der kleine Naturschützer dem großen, diese meine letzte Bemerkung: Das Sagen im Naturschutz haben nicht Sie, Herr Minister, die Jäger nicht und nicht wir Naturschützer. Das Sagen im Naturschutz hat allein die Natur. Die Zeichen ihrer fortschreitenden Zerstörung sind überall deutlich an der Wand.

* Max Streibl, der Bayerische Staatsminister für Landesentwicklung und Umweltfragen, ist Jäger. Entgegen den fachlich qualifizierten Gutachten des sachlich zuständigen Bayerischen Staatsministeriums für Ernährung, Landwirtschaft und Forsten, des Deutschen Alpenvereins, des Deutschen Werkbundes, des Bundes Naturschutz in Bayern und der «Gruppe Ökologie» um Konrad Lorenz, die alle dafür eingetreten waren, die Jagd in der Kernzone des neuen Alpenparks zugunsten eines sich weitgehend selbst überlassenen, nur von der Wissenschaft – durchaus mit Jägerhilfe – gesteuerten Naturhaushalts ruhen zu lassen, gab Streibl dem Druck der Jagdlobby nach und trat – entgegen allen internationalen Gepflogenheiten – für die herkömmliche Ausübung der Jagd im Nationalpark ein.

Wissenschaft und Journalismus

Rede über die veröffentlichte Wissenschaft, vom Autor vor der Universität Hohenheim gehalten aus Anlaß seiner Ehrenpromotion zum Doktor der Sozialwissenschaften (April 1974).

Wenn die Wissenschaft einen Journalisten ehrt, einen zumal, der sie immer wieder kritisch nach der gesellschaftlichen Relevanz und den humanen Aspekten ihrer Forschungen fragt, dann sind sich einige Leute ganz sicher, daß auf seiten der Wissenschaft mit solcher Ehrung die perfide Hoffnung verbunden ist, es werde der Ehrendoktorhut dem Unbequemen nicht nur über die bis dato gespitzten Ohren, sondern auch über den vorlauten Mund rutschen. Aus der Vorstandschaft einer deutschen Tierschutzorganisation wurde ich gefragt, ob ausgerechnet ich mir diesen – ich zitiere – akademischen Flitter aus der Hand einer Universität leisten könne, von der man schließlich wisse, daß sie – ich zitiere wieder – kein Tier mehr im Freien sehen mag.

Bevor ich darauf antworte, möchte ich auf die Suche gehen nach den allgemeinen Gründen für die ungewöhnliche Aufmerksamkeit, die diese einem Journalisten zuteil gewordene akademische Ehrung in der Öffentlichkeit hervorrief. Das Ergebnis dieser Suche, fürchte ich, wird uns beide nicht befriedigen – Sie, die Wissenschaftler, nicht und nicht uns, die Journalisten, leben wir beide doch, wie Alge und Pilz, in einer auf Öffentlichkeit gerichteten symbiotischen Interessenverquickung, deren Äußeres, darin ganz der Flechte gleichend, zwar ungemein interessant und farbig ausschaut, dabei aber nur von sehr bescheidenem Nährwert ist – geistigem in unserem Fall.

Das öffentliche Erstaunen über diese Ehrung speist sich aus der allgemeinen, nicht von der Hand zu weisenden Ansicht, daß nur weniges im Bereich des Geistes in Denk- und Arbeitsweise konträrer, ja sich feindlicher sein könne als Wissenschaft und Journalismus. Dem langen Atem der im Grunde ergebnisscheuen Forschung steht die tägliche Gier der Nachrichtenmedien nach präsentablen, fertigen Resultaten gegenüber; dem differenzierten, gern mit einem Fragezeichen versehenen Gedanken die zur Schlagzeile verkürzte Exklamation. Der formal ritualisierten, fachlich verschlüsselten Schreibweise der Wissenschaft, die dazu neigt, stilistische Zopfmuster zu flechten, entspricht auf der Seite des Tagesjournalismus ein nach Möglichkeit für Kreti und Pleti verständlicher Stil, der mit dem Hackbeil des kurzen, tunlichst reinen Hauptsatzes einem komplexen Thema solange das Gedankenfleisch abschlägt, bis nur mehr das übrigbleibt, was der harte Reporter für das harte Knochengerüst harter Fakten hält.

Wo solche Gegensätze sich berühren, da nimmt, besonders auf lokaler Ebene, der Dialog zwischen Wissenschaft und Journalismus oft kafkaeske Züge an. Da steht dann dem in aller Regel hochspezialisierten Wissenschaftler, der mit dem Studium der hinteren larvalen Abdominaldrüsen der Baumwollwanze drei Jahre seines Lebens zubrachte, ein für unsere Berufsbegriffe ebenfalls schon hochspezialisierter Reporter gegenüber, der am Nachmittag seines Besuches im Forschungslabor neben den Wanzen des Herrn Professors auch noch einen Einweihungsschluck in der neuen Städtischen Kläranlage, danach die Buchsignierstunde eines sehr berühmten Fernsehprofessors (im morgen inserierenden größten Kaufhaus am Platze) und schließlich noch die Pressekonferenz des Vereins zur Erhaltung des Lebens – die Verhinderung von Kernkraftwerken betreffend – auf seinem Terminkalender hat. Denn dies alles, und noch vieles mehr, gehört in die Zuständigkeit eines Redakteurs für die regelmäßige Seite «Wissenschaft und Technik». Und nur dann, wenn das Erscheinungsdatum dieser Seite zufällig mit dem Beginn des Winterschlußverkaufs zusammenfällt, die üppige Anzeigensituation des Blattes es also erlaubt, der Verbreitung der Wissenschaft eine halbe Druckseite mehr als üblich zuzugestehen, nur dann kann unser Parasitologe damit rechnen, sich und seine Tierchen in 60 statt in 45 Druckzeilen gewürdigt zu sehen. Doch ist zu fürchten, daß er es so oder so nicht liest. Die Überschrift schon reicht ihm. Ein sachfremder Nachtredakteur, der sie aus typographischen Gründen im Stegreifverfahren auf zwei Spaltenbreiten verlängern mußte, hatte beim Querbeetstudium des Textes zufällig auch etwas von der sexuellen Signalfunktion gewisser Insektenpheromone gelesen und ebenso entschlossen wie leider zusammenhanglos formuliert: «Nicht nur im Bett sind Wanzen sexy.» Und weil auch der Setzer vom Spätdienst das gut fand, schrieb der Herr Nachtredakteur als Unterzeile noch dazu: «Professor Klug muß es wissen: Er lebte mit ihnen drei Jahre.»

Vielleicht ist dies nicht der rechte Ton für eine Promotionsrede, doch macht die satirische Zuspitzung eines durchaus realistisch gesehenen Mißstandes noch am besten die Schwierigkeiten deutlich, die uns das Fragen und Ihnen das Antworten verleiden, weil Sie unsere Fragen oft für voraussetzungslos primitiv und wir Ihre Antworten noch öfters für absichtsvoll unverständlich halten. Wären diese Schwierigkeiten nur die Privatsache der Dialogpartner mit dem Ergebnis einer verhinderten Selbstdarstellung beider vor der Öffentlichkeit, so könnte man sie übersehen. Aber sie schmälern oder verfälschen gar den Informationsfluß aus der Wissenschaft in die Gesellschaft, die schon deshalb ein Recht auf Kenntnis der Forschungsergebnisse hat, weil sie deren Zustandekommen bezahlt.

Ein wichtigerer als dieser fiskalische Grund für Wissenschaftler und Journalisten, ihre Sender und Antennen endlich besser aufeinander einzupeilen, ist das Eindringen der Naturwissenschaften in gesellschaftliche und geistige Räume, die einst von der Religion und dem Glauben besetzt waren. Seit der stofffreie actus purus, der reine Denkgott des Aristoteles, im 13. Jahrhundert die vorthomistische, erzklerikale Pariser Universität unterspülte, seit Galilei mit seinem Bekenntnis zum heliozentrischen Weltbild des Kopernikus die biblische Offenbarung dem Zweifel der Physik aussetzte und Einstein seine Formel in ein engelloses Universum trieb, an dessen Rand die Molekularbiologen heute den Menschen als ein Zufallsprodukt aus biochemischen Abläufen und evolutiven Notwendigkeiten ansiedeln, trat die Naturwissenschaft im Bewußtsein der Menschen nach und nach in ein säkularisiertes Priesteramt ein, das sie gewiß nicht suchte, das ihr aber zuwuchs aus ihren für Laien so oft sakral anmutenden Hantierungen und ihrer liturgisch-fremdartigen Sprache. Wo die Kirche längst gegen den weitverbreiteten Verdacht ankämpfen muß, um des eigenen materiellen Überlebens willen die Verkündigerin nur noch eines Aberglaubens zu sein, da muß sich die Naturwissenschaft heute gegen den nicht minder weitverbreiteten Afterglauben wehren, sie allein sei nunmehr im Besitz des Heilswissens und der Wahrheit, was immer das sein mag. Denkerisch verklausulierte Gottesvorbehalte philosophierender Atomphysiker stehen an den Wegen der Naturwissenschaft von der Masse so unbeachtet herum, wie die alten bayerischen Herrgottsbilder an den Autostraßen.

Da die Wissenschaft aber im Weihrauch der Verehrung nicht atmen kann, vielmehr die reine Luft einer kritischen Denkwelt braucht, da sie nicht Gläubige sucht, sondern Mit-Wisser, muß sie sich auf allen Ebenen durchschaubar machen. Zu dieser Dienstleistung an ihr und an der Gesellschaft, die von der Konsumgüterwerbung zunehmend mit pseudowissenschaftlichen Schlagwörtern manipuliert wird, steht beiden nur der seriöse Journalismus zur Verfügung. Daß er diese Dienstleistung heute noch mehr schlecht als recht versorgt, das steht auf einem anderen Blatt meiner Rede. Die Schuld daran bei Ihnen oder bei uns zu suchen ist müßig; sie ist zwischen beiden gut verteilt.

Wer die Berichterstattung der Tages- und Wochenpresse, auch die des Fernsehens, aus der wissenschaftlichen Welt aufmerksam verfolgt, dem wird der Zufallscharakter der Themenwahl nicht verborgen bleiben. Das Kuriose hat Vorrang vor dem Basalen, das Modische vor dem Bleibenden. Das Spektakuläre überwuchert das Wichtige. Es herrscht weitgehend das Prinzip von Kraut und Rüben. Fünf Sendeminuten für das Magnetfeld der Erde. Sechseinhalb danach für die Anbringung von Haftminen an Kriegsschiffen durch dressierte Delphine (wegen des Magnetismus schafft der Moderator hier den Übergang so gut). Achteinhalb Minuten für die Mengenlehre, weil sie aktuell ist und dem Kommissar im Zweiten Programm vielleicht Zuschauer abzieht. Und fünfzehndreißig für den Kernphysiker aus Göttingen, weil er es kürzer nicht machen wollte und keiner im Haus die Sache gut genug versteht, um ihn mit Zwischenfragen kurzschließen zu können. Ist ja auch kompliziert, so ein Teilchenbeschleuniger! «Das wär's für heute. Guten Abend, meine Damen und Herren!»

Mit der ungeheuren Fülle des wissenschaftlichen Angebots allein ist das nicht zu erklären. Das Materialangebot der Politik ist ja nicht geringer, ist kaum weniger verwirrend in seinen komplexen Verflechtungen mit weltwirtschaftlichen, soziologischen und philosophischen Bezügen. Dennoch gelingt es sogar der Provinzpresse, die großen Linien selbst der Weltpolitik herauszuarbeiten, und politische Magazine gar haben in der Aufhellung von Hintergründen sowie in der Einordnung und Gewichtung von Einzelheiten einen Grad der Virtuosität erreicht, der selber schon wieder Politik ist. Wissenschaftliche Magazine dagegen sind in der Darstellung und Deutung der wissenschaftlichen Welt selbst dann noch weit von solcher Perfektion der Durchleuchtung und Eindeutschung entfernt, wenn sie einen Professor zum Herausgeber und Journalisten zu Redakteuren haben.

Die Gründe für diese Unterschiede liegen auf der Hand. Der

politische Journalismus hat eine mehr als hundert Jahre lange Tradition bei uns, der Wissenschaftsjournalismus ist ein Nachkriegskind. Politische Journalisten von Rang kennt man dem Namen nach zu Dutzenden. Wissenschaftsjournalisten eines vergleichbaren, und das kann nur heißen: meinungsbildenden Ranges kann man in der Bundesrepublik an den Fingern zweier Hände herzählen, bestenfalls.

Das ist ganz erstaunlich, wenn man bedenkt, daß der Mensch in den westlichen Demokratien nur im Wege des Mißbrauchs naturwissenschaftlicher Forschungsergebnisse von der Politik an Leib und Leben gefährdet werden kann, Politik also bei uns im Grunde das existentiell Sekundäre ist nach dem Primat der Naturwissenschaften. Nichts, sollte man meinen, läge deshalb näher, als daß sich unsere Gesellschaft durch starke Nachfrage nach Informationen aus dem Wissenschaftsbereich einen großen Stamm von hochqualifizierten Wissenschaftsjournalisten heranzöge und daß damit dies publizistische Ressort zumindest gleichwertig neben dem politischen stünde.

In Wirklichkeit sind wir eine verschwindende Minderheit. Es fehlt nicht die öffentliche Nachfrage nach wissenschaftlicher Information, es fehlt am Angebot durch die Wissenschaft. Man geht als Berg nicht zum Propheten. Man will gebeten sein, und wie! Aber die journalistische Neugier an der Naturwissenschaft ist für einen naturwissenschaftlichen Laien, wie der Journalist es heute oft noch ist, nicht selten ein geistiger Spießrutenlauf. Als ich beim Recherchieren meines Schweinefilms Otto Koehler, den großen Freiburger Zuchtmeister der deutschen Verhaltensforschung, telefonisch um ein Gespräch bat, kam ich über eine kurze Darlegung meiner, zugegeben anspruchsvollen, filmischen Absichten nicht hinaus. Seine hohe Stimme unterbrach mich mit der Frage: «Ja, haben Sie denn Zoologie studiert?» Ich hatte leider nicht, sagte es, spürte den Zweifel an meiner Zuständigkeit für die Schweinsseele und legte nach drei, vier belanglosen Sätzen achselzuckend den Hörer in die Gabel. Von heute abend an hätte Otto Koehler mir vermutlich geholfen, aber nun ist er leider tot.

Politik wirkt vorbehaltlos in die Öffentlichkeit. Sie ist extrovertiert, oft ist sie exhibitionistisch. Wissenschaft ist sich selbst genug. Ihre Öffentlichkeit ist das nicht selten narzißtische Spiegelkabinett der Fachwelt. Sie ist elitär. Ihre Selbstdarstellung bleibt dort, wo sie heute zaghaft versucht wird, meist in den bürgerlichen Denkkategorien von Würde, Anstand und Bildung stecken.

So kommt es denn, daß es nicht schwer ist, Journalisten an Krawallen und Numerus clausus zu interessieren, weit schwerer aber, sie für die kontinuierliche Darstellung der Lehrinhalte und der gesellschaftlichen Ziele der Wissenschaft zu gewinnen. Und weil das so ist, weiß die öffentliche Meinung von den Universitäten nur dreierlei: Sie sind erstens voll, zweitens links und drittens teuer. Allenfalls bezüglich der Reihenfolge gehen die Ansichten auseinander.

Wer sich der Journalisten für die Verbreitung wissenschaftlicher Erkenntnisse bedienen will, muß wissen, welcher Mittel sich Journalisten ihrerseits bedienen, muß es doppelt wissen, wenn er Journalismus an Universitäten lehren will.

Und so frage ich Sie also: Was macht einen Journalisten aus? Ich riskiere meine Ehrenpromotion ja nicht mehr, wenn ich jetzt in einer Art Antilaudatio sage, daß das, was Sie an mir ehren, ganz und gar unakademisch ist. Es sei denn, Sie flüchteten sich in den Sophismus der Unterscheidung zwischen journalistischer Wirkung und Machart. Die in der Laudatio genannte Wirkung meiner Arbeit, die allmähliche Veränderung in der privaten und öffentlichen Tierbetrachtung vom Sentimentalen zum Sachlichen, mag der akademischen Ehrung wert sein. Meine Mittel dazu sind es gewiß nicht, denn es sind journalistische Mittel durch und durch, von jeder akademischen Denk- und Arbeitsweise weit entfernt. Und glauben Sie mir: Ich bin so ernsthaft, wie es eine Auseinandersetzung mit den Inhalten meines Berufes verlangt, den ich gegen keinen anderen eintauschen möchte.

Natürlich machen auch unsere Festredner, wie die Ihrigen, reichlichen Gebrauch von solch hehren Postulaten wie Wahrheit und Objektivität. Einem Definitionsversuch gehen die Unserigen freilich meist aus dem Weg. Sie müßten dann ja bekennen, daß es im Journalismus nur grobe Annäherungen an Wahrheit und Objektivität geben kann; und diese Annäherungen haben Namen, die den vielen Verächtern unseres Berufes leicht zum Aha-Erlebnis, zum Anlaß für Zitatwillkür werden könnten. Ich muß das riskieren.

Objektivität und Wahrheit sind nur Richtungspunkte auf der Kompaßrose des Journalisten, deren Nadel er selber ist. Je reicher einer nun an inhaltlicher und formaler Substanz, desto sensibler wird er als Kompaßnadel die weiten Spielräume bestreichen, die die Fixpunkte Wahrheit und Objektivität umgeben. Gedämpft und in den Schwingungen begrenzt wird er allein durch sein Gewissen, dessen starke moralische Ausprägung freilich die Voraussetzung für jede seriöse journalistische Wegweisung zur Wahrheit ist – die einzige, wie ich heute, nach fünfundzwanzig Berufsjahren, zu wissen glaube. Denn über handwerkliche Mittel redet man dann nicht mehr.

Die Spielräume auf der journalistischen Kompaßrose um die Fixpunkte Wahrheit und Objektivität haben Unterteilungsmarken, die sich, ich sagte es schon, mit Namen belegen lassen. Sie heißen Weglassung und Überspitzung, Verkürzung und Vereinfachung, Assoziation und Metapher, ja, auch Polemik und Emotion.

Der Wissenschaft sind solche Annäherungen an die Wahrheit mit Recht zutiefst suspekt. Forschung und Lehre lassen sich mit Weglassung und Emotion, um nur diese beiden zu nennen, nicht betreiben. Journalismus, wenn er erfolgreich sein soll (und das kann zuallererst nur heißen: wenn er die Mehrzahl der Menschen erreichen soll), läßt sich nicht ohne Verkürzung und Vereinfachung, Polemik und Emotion betreiben, was immer unsere puristischen Sonntagsredner dazu sagen mögen.

Ein Zyniker würde dazu sagen, daß die Wissenschaft es sich leisten kann, im bürgerlichen Sonntagsanzug der Objektivität daherzukommen, ist sie doch von der athenischen Agora, vom Markt der Eitelkeiten längst herunter. Sie ist arriviert und von der Gesellschaft bezahlt – ausgehalten, mit einem Wort. Der Journalismus aber geht noch immer im Künstlerkleid der Subjektivität und schlenkert auf dem Boulevard mit seinen Schlagzeilen wie mit Lacklederhandtaschen. Er muß sich, wenn er leben will, verkaufen. Auch sind seine geistigen Ahnen weder so alt noch so fein wie die der Wissenschaft. Sie hat ihren Aristoteles, einen Lehrer des Staates, er den Herrn Zola, einen Ankläger des Staates.

Aber so einfach ist wohl Objektivität als methodisches Arbeitsprinzip nicht zu erklären. Darum geht es mir auch nicht. Ich will vielmehr aufzeigen, warum Journalismus, wie ich ihn verstehe, an Hochschulen kaum lehrbar ist. Die akademische Lehre setzt Lehrinhalte voraus, die von der stets wechselnden Wirklichkeit des Lebens abstrahierbar sind zu Lehrsätzen, Begriffen, Ideen oder Formeln. Nichts im Journalismus ist von der Lebenswirklichkeit abstrahierbar, wenn die Abstraktion nicht zu banal handwerklichen oder berufsehtisch fragwürdigen Begriffen wie dem der Objektivität gerinnen soll, hinter der sich nicht nur bei uns oft die Nichtskönner, die Langweiler verschanzen.

Es läßt sich mit Sicherheit sagen, daß wirkungsmächtiger Journalismus und akademische Abstraktion natürliche Feinde sind. Ich neige dazu, meinen Beruf sogar der Gedankenfeindlichkeit zu verdächtigen, so sehr bedarf er zu seinem Ausdruck des Konkreten in Wort und Bild. Nur seine zur politischen Essayistik, zu Kunst und Literatur offenen Grenzen kaschieren diesen Sachverhalt für Außenstehende.

Werden wir also, wie es guter Journalistenart entspricht, endlich konkret. Die Universität, sagte ich, kann die Emotionsweckung als journalistischen Weg zur Wahrheit unmöglich akzeptieren, geschweige denn lehren, wenn sie sich nicht dem Verdacht aussetzen will, die Objektivität als wissenschaftliche Methode zu desavouieren. Und doch ehren Sie heute in mir nicht zuletzt den journalistischen Gebrauch der Emotion, wenn Sie meine Wirkungen ehrenswert finden. Ohne die Emotionalisierung meines Filmthemas Trophäenjagd hätte die öffentliche Diskussion um zu hohe Schalenwildbestände zu Lasten der Wälder nicht bis heute, mehr als zwei Jahre danach, angehalten, wären in der Legislative nicht biologisch motivierte Novellierungsbestrebungen der Jagdgesetze in Gang gekommen, die die ewig Gestrigen unter den Jägern zutiefst beunruhigen. Ich bewirkte diese emotional bedingte Nachhaltigkeit, indem ich eine in Stil und Ton klirrend falsche Hubertusrede mit schockierenden Bildern von der auch metzgerhaften Wirklichkeit jagdlichen Tötens sowie der platten bürgerlichen Lust am feudalen Herrenzimmerwandschmuck unterlegte.

Die Universität kann auch die Weglassung relevanter wissenschaftlicher Sachverhalte als legitimes journalistisches Mittel nicht akzeptieren, geschweige denn lehren, wenn sie nicht riskieren will, die Subjektivität auf den Kothurn der Wissenschaftlichkeit zu stellen. Und doch ehren Sie die Weglassung eines relevanten Sachverhaltes, wenn Sie es ehrenswert finden, daß die aus wirtschaftlichen und jagdlichen Gründen fortschreitende Verfichtung unserer Wälder, ihre gefährliche Entwicklung zur Nadelholzmonokultur, zur ökologischen Instabilität und zur Menschen- und Tierfeindlichkeit derzeit einer Revision öffentlichen Denkens unterzogen wird.

Man kann sagen, daß ich in drei Filmen die Fichte als Baumindividuum verketzert habe, um sie in der landschaftsschädlichen Massierung um so besser treffen zu können. Indem ich ihre Rolle zwar ganz gewiß nicht falsch, aber unvollständig dargestellt habe, war ich unwissenschaftlich.

Ich rede mich nicht einmal auf die übliche journalistische Zeitknappheit hinaus. Ich war bewußt einseitig. Ich vermied es zu sagen, was ich durchaus wußte, und was einige akademische Forstleute mir triumphierend als Wissenslücke ankreideten: daß nämlich die Fichte auf manchen Standorten vom Boden und vom Klima her erzwungen wird, und daß sie nicht immer und überall zur Übersäuerung und Verkittung des Wurzelgrundes und damit zum gefährlichen Oberflächenabfluß des Regenwassers führt. Und daß sie als autochthone, tief beastete Baumgestalt von großer Schönheit sein kann. «Wären Sie wissenschaftlicher vorgegangen», so schrieb mir ein bekannter hessischer Landforstmeister, «dann wären Ihnen in Zukunft noch ein paar Millionen Zuschauer mehr sicher gewesen.» Das ist naiv. Die Wissenschaftlichkeit, die in der gründlichen, detailreichen Gegenüberstellung des Einerseits und des Andererseits besteht, die nach fünfzig Seiten eines mit Fakten überfrachteten Textes der Zusammenfassung selbst für geübte Leser bedarf, ist der sichere Tod jeder journalistischen Arbeit. Die Fichte im Fernsehen wissenschaftlich zu porträtieren, ihr professorale Gerechtigkeit widerfahren zu lassen, hätte bedeutet, mein eigentliches Anliegen, nämlich ihr Zurückdrängen zugunsten eines von der Forstwissenschaft ebenfalls seit langem geforderten höheren Laubwaldanteils, bis hin zur Ratlosigkeit des Zuschauers zu verwässern und damit wirkungslos zu machen. Wer gegen Edgar Wallace im ZDF um Zuschauer kämpfen muß, gibt seine Gelehrsamkeit tunlichst an der Garderobe ab.

Wir Wissenschaftsjournalisten sind ohnehin stets der Gefahr der Anpassung an das Fachchinesisch der Wissenschaft ausgesetzt. Es ist menschlich, den Beifall der Götter schmeichelhafter zu finden als den der Menschen. Es ist aber auch der sicherste Weg für einen Journalisten, seine Aufgabe zu verfehlen. Rüdiger Proske, einer aus der ersten Garnitur der Wissenschaftsjournalisten, jonglierte unlängst im Fernsehen vor einem Millionenpublikum mit kaum oder gar nicht erläuterten Enzymen und Aminosäuren so selbstverständlich herum, als seien es Brötchen, die jedermann vom Bäcker her kennt. Und die Molekularbiologen ließ er so ungebremst plaudern, als seien die DNS-Strukturen, mit denen sie hantierten, den Hausfrauen so vertraut wie die Schnittmusterbögen der Frau Senator Burda.

Ich treibe hier keine Kollegenschelte. Die Fernsehkritik hat das längst besorgt. Sie war sich ungewöhnlich einig darin, daß hier einer souverän über sein Publikum hinweggeredet hatte. Es besteht auch Grund, mich an die eigene Nase zu fassen. Mein Film über die ökologische Bedrohung der Alpenwelt sprengte wohl das Fassungsvermögen vieler Zuschauer, und es nützt der Sache wenig, wenn ich für mich ins Feld führen kann, es habe sich um den Versuch der Darstellung des Regelkreises Alpen gehandelt, den man nicht nach Belieben verkürzen kann, wenn nicht der Sinn des Ganzen verlorengehen soll. Es ist zu fürchten, daß bei nicht wenigen Zuschauern nur haftenblieb, der Bürgermeister von Kreuth, gestern noch ein Bauer, sei nach lukrativen Grundstücksgeschäften vom Haflinger direkt auf die 200 PS eines Ford-Mustang umgestiegen.

Noch einmal frage ich Sie: Kann man diese Weglassungen und Simplifizierungen, diese Emotionalisierungen und polemischen Härtungen wissenschaftlicher Erkenntnisse, für die sich viele Belege in der Arbeit seriösester Journalisten finden lassen, an Hochschulen lehren? Die Frage stellen heißt sie verneinen. Und das aus einem simplen Grund: Ein Hochschulstudium kann vieles vermitteln, nur das eine nicht, das allein den Gebrauch dieser nicht unbedenklichen Mittel kontrolliert und ihren Anwender vor dem Absturz in die Demagogie bewahrt: ein Schranken setzendes Gewissen.

Was man lehren kann, das ist die Wissenschaft von den Wegen der Kommunikation in der modernen Gesellschaft, die Kenntnis ihrer technischen Mittel und ihrer sozioökonomischen Voraussetzungen. Die Universitäten können dem Journalismus die Theoretiker liefern, und da ich weit entfernt bin vom Hochmut vieler Redaktionspraktiker, die den Wert einer wissenschaftlichen Ausbildung an der Fähigkeit des Promovierten messen, eine anständige Kurzmeldung verfassen zu können, bejahe ich natürlich die Theorie. Der Journalismus hat da einen starken Nachholbedarf. Die menschliche Gesellschaft ist heute zu komplex geworden, als daß sich ihre Informationsbedürfnisse noch allein über den Daumen der routinierten Blattmacher abschätzen und befriedigen ließen.

Nur darf man den Absolventen eines solchen Studiums nicht die Hoffnung vermitteln, sie verließen die Universität als Journalisten. Zwar braucht unser Beruf bitter nötig Gehirne, die differenzieren, analysieren, formulieren können. Es gibt in unseren Redaktionen nur allzu viele Pseudo-Journalisten, die nicht begriffen haben, daß Wissen die Voraussetzung für Schreiben ist (und oft genug wissen sie noch nicht einmal, daß sie auch nicht schreiben können). Aber auch ein mit Wissen vollgestopftes Gehirn macht noch keinen Journalisten. Wer sich seiner Gelehrsamkeit nicht entschlagen kann, wer eine soziale, ökonomische oder ökologische Leidenschaft, die sich an gesellschaftlichen Mißständen entzündet, nicht verspürt oder, schlimmer noch, sie stets im Eiswasser wissenschaftlicher Analysen tötet, wer Engagement für akademisch unfein hält und das Risiko, mit einer gerechten Sache auch einmal zu scheitern, für eine kommerzielle Dummheit ansieht, der lasse die Finger von unserem Beruf, wenn ich ihm raten darf. Akademisch angereicherte Redaktionsbeamte haben wir genug.

Es könnte nun der Eindruck entstanden sein, die Sache der in den Medien veröffentlichten Wissenschaft sei ganz hoffnungslos und werde über das von mir aufgezeigte Kraut- und Rübenstadium nie hinauskommen; es werde also auch weiterhin alles dem Zufall von ein paar glücklichen personellen Konstellationen zwischen Ihnen und uns überlassen sein.

Das muß so nicht sein. Um es freilich zu ändern, bedarf es eines Umdenkens auf beiden Seiten. Es gibt Beispiele, die hoffen lassen. Sehen Sie es mir um der guten Sache willen nach, wenn ich zur Erläuterung wieder auf einen Aspekt meiner eigenen Arbeit zu sprechen komme.

Das Thema Wild und Wald wurde mir von der Wissenschaft zugeschoben. Der Forstpolitiker und Konrektor der Münchner Universität, Richard Plochmann, der heute unter uns ist, gehörte zu jenen Wissenschaftlern, die sich der Hilfe eines Massenmediums bedienen zu müssen glaubten, um die seit Jahrzehnten betriebenen Versuche der Fortwissenschaft, den ökologisch instabilen reinen Wirtschaftswald zu einem naturnäheren Zustand zu verhelfen, endlich auch politisch durchzusetzen. Ich wurde nicht indoktriniert, sondern informiert. Man schickte mich auch zu ernst zu nehmenden Gegnern und überließ die Meinungsbildung schließlich mir. Man überließ mir auch Dramaturgie und Formulierung des Kommentars. Eine Zensur fand nicht statt.

Was daraus wurde, ist weitgehend bekannt. Als am Heiligen

Abend 1971 die Flinte, die man mir geladen hatte, losging und nicht nur den deutschen Hirsch, sondern auch das deutsche Gemüt voll traf, da zog die Wissenschaft einmal nicht den klugen Kopf ein. Zwei deutsche Forstfakultäten hielten zwar auf Abstand zu einigen meiner journalistischen Stilmittel, deckten mich aber per reihenweis geleisteter Unterschrift in Briefen an meinen Intendanten in der Sache, also in meiner harten Kritik an den zu hohen Schalenwildbeständen um des Jagdvergnügens willen, voll und ganz. Sie gaben damit der nun breit einsetzenden öffentlichen Diskussion* sofort das nötige Gewicht und verschafften mir – und das ist das Wichtigste aus der Sicht meines heutigen Themas – Freiraum für weitere engagierte Fernseharbeit. Es hat sein Gutes, wenn man als Wissenschaftsjournalist einen Journalisten zum Programmdirektor und einen Professor zum Intendanten hat.

Dies scheint mir für unsere gemeinsame Zukunft ein probates, wiederholenswertes Rezept der Zusammenarbeit zu sein. Es ist auch für Hohenheim so neu nicht. Auf ähnlich freimütiger, unvoreingenommener Basis entstanden hier ein Bienenfilm mit Herrn Steche und ein Hühnerfilm mit Herrn Scholtyssek. Insbesondere Herrn Scholtyssek wird längst nicht alles geschmeckt haben, was ich aus seinem umstrittenen Thema machte. Es hinderte ihn nicht daran, mich weiter zu informieren und zu freimütigen Gesprächen mit seinen wissenschaftlichen Gegnern zur Verfügung zu stehen.

Halten Sie also Ausschau nach engagierten Wissenschaftsjournalisten. Es gibt sie. Laden Sie sie ein. Unterbreiten Sie ihnen ein Thema, das freilich einen Bezug zur gesellschaftlichen Wirklichkeit haben muß. Es gibt sie in jedem Fachbereich übergenug. Wissenschaftliches l'art pour l'art ist den Aufwand nicht wert. Informieren Sie die Journalisten gründlich – tagelang, wochenlang, notfalls in Seminar-Manier, wenn das Thema schwierig ist, und das ist es immer, wenn es

* Die öffentliche, mit Leidenschaft geführte Diskussion um das Thema dieses schon historisch gewordenen Fernsehfilms des Verfassers belebte sich erneut nicht lange vor Erscheinen dieses Buches: Mehr als hundert angesehene Forstwissenschaftler der Universitäten Freiburg, Göttingen und München beriefen während der Fachmesse INTERFORST im Juni 1974 in München eine Pressekonferenz ein und übergaben der Öffentlichkeit eine ungewöhnliche Denkschrift zur Frage «Schalenwild und Wald». Der großen Wichtigkeit wegen ist das Papier im Anhang dieses Buches im Wortlaut abgedruckt. Die vorreiterische Arbeit des Autors wurde damit glänzend bestätigt.

kontrovers ist und damit zur öffentlichen Auseinandersetzung geeignet. Laden Sie auch wissenschaftliche Gegner ein. Dann überlassen Sie das weitere den Journalisten. Sie können allenfalls eines noch tun: Verschaffen Sie ihm oder ihr, wenn der eigene Name dafür noch nicht reicht, Arbeitszeit und vor allem ausreichend Druckraum oder Sendezeit, indem Sie mit dem Gewicht Ihres wissenschaftlichen Ansehens auf Chefredakteure und Programmdirektoren, Verleger und Intendanten argumentierend einwirken. Noch ist die Fazination der Professoren in der bürgerlichen Gesellschaft ungebrochen. Hier ist ein weites Feld zu neuem Ansehen in der Gesellschaft.

Ja, und wenn es dann Ärger gibt, dann decken Sie die Sache, wenn die Sache stimmte. Und fassen Sie mit öffentlichen Diskussionen nach. So zu verfahren wäre ein Dienst an der Wissenschaft und an der Gesellschaft, die um so leichter manipulierbar ist, je weniger sie weiß.

Während der Vorbereitung und Durchführung solcher Aktionen durch einen kommunikationswissenschaftlichen Fachbereich bei Mitarbeit thematisch tangierter Institute und unter Wahrung journalistischer Selbständigkeit und Verantwortung entstünde quasi unter der Hand eine oft vermißte Lebenswirklichkeit im akademischen Studiengang. Es entstünden so auch akademisch geschulte Wissenschaftsjournalisten aus Kollegen, die nicht das Glück hatten, studieren zu können.

Ich kann hier nicht schließen, ohne auf die Frage der Tierschützer geantwortet zu haben, ob ich es mir leisten könne, von einer Universität geehrt zu werden, die als der Schrittmacher einer Maschinisierung des Nutzttieres gilt – zu Unrecht, wie ich meine, gehen von Hohenheim doch auch in den engen Grenzen, die das oft inhumane Leistungsprinzip unserer Gesellschaft zieht, Impulse der Hygiene und der technischen Tierfürsorge aus. Man sollte Wissenschaftler nicht verdächtigen, in der Tierquälerei ein hinreichendes Mittel der Leistungssteigerung zu sehen.

Doch will ich es mir so leicht nicht machen. Zwar verdient die anmaßende Formulierung, diese Ehrung sei «akademischer Flitter», keinen Kommentar, doch verdient die dahinter sichtbar werdende Angst, es könnten die Tiere einen öffentlichen Anwalt verlieren, eine sachliche Antwort – wenn es denn überhaupt noch einen Standpunkt der Sachlichkeit in der Frage der modernen Massentierhaltung gibt, so hoffnungslos verklemmt ist dies Problem zwischen wirtschaftlichen, politischen und ethischen Motivationen.

Es kommt hinzu, daß nun auch einige der betroffenen Wissenschaftler anfangen, sich ihren Emotionen zu überlassen und zu Kampfesweisen zu greifen, vor denen jeder Journalist, der das Prädikat seriös verdient, zurückschrecken würde. Die Objektivität der Forschung leidet unter dem Vorwurf der Zitatwillkür in der Beweisführung mit wissenschaftlicher Literatur, mehr noch unter der Anschuldigung der öffentlichen Stimmungsmache durch den nicht qualifizierten öffentlichen Gebrauch von Lichtbildern, die scheußlich anzuschauende Versuchskäfige für Batteriehühner zeigen, ohne daß man diese Käfige ausdrücklich als nicht im Allgemeingebrauch befindlich deklariert habe. Die sich diffamiert fühlende Züchterseite kontert mit einem Flugblatt, das Bernhard Grzimeks Fernseh-Attacke auf die Batteriehaltung der Hühner ins Unglaubwürdige zu ziehen versucht, indem es Grzimek den privaten Bezug von Batterie-Eiern anlastet. Selbst wenn der gerichtliche Beweis dieser in der Sache durchaus legitimen Nachricht zu erbringen wäre, so bliebe doch das akademische Ärgernis der in der Landesanstalt für Geflügelzucht echt handgemalten Überschrift unter dem Briefkopf der Universität Hohenheim: «Ei, ei, ei, Herr Grzimek!» Das sind selbst nach journalistischen Maßstäben drei Eier zuviel.

Und schon redet man davon, daß die Gutachterkommission im Hause Ertl den Wissenschaftsstreit um die Problematik der Batteriehühner ja auch durch Handaufheben beenden könnte. Es wären dann 15 Weise für die Käfighaltung und 3 dagegen. Käme es zu diesem Votum, wäre die Atmosphäre zwischen Tierschutz und Wissenschaft für lange Zeit vergiftet. Die Minderheitsgutachter wären dann in der Meinung der tierfreundlichen Öffentlichkeit die Koryphäen, und die Mehrheit, das wären die Korrupten, die dem Druck der industriellen Tierhalterlobby, und nicht nur ihrem Druck, schließlich nachgaben. Das darf um des Ansehens der Wissenschaft willen nicht geschehen.

Der gutachtenden Minderheit aber, zu der ich mich aus Gründen eines ethischen Tierschutzes hingezogen fühle, ist anzuraten, die Gesprächsbereitschaft der Mehrheit zu nutzen, um mit ihr zusammen die staatliche Finanzierung eines gemeinsamen Großversuchs zu erzwingen, der für das Haushuhn neben allgemeinen Verhaltensindikatoren auch endlich anatomische, biophysikalische und endokrinologische Parameter zuverlässig und allgemein akzeptabel erbringt.*

Neben der personellen Unmöglichkeit, die wissenschaftlichen Standpunkte in der immerhin schon 15 Jahre alten Batteriehuhnfrage zu versöhnen, ist die bisherige staatliche Finanzmittelverknappung für solche Grundlagenforschung der eigentliche Tierschutzskandal, wie ich meine. 15 Jahre Streit sind genug. Die Öffentlichkeit, die sich für das Los der Nutztiere zunehmend sensibler zeigt, hat ein Recht darauf, daß die Wissenschaft nach jahrelangem, verzeihen Sie, Gegacker nun endlich ihr für Mensch und Tier bekömmliches Ei legt. Es wird von ernst zu nehmenden Tierschützern ja kein blauäugiges Zurück zur Natur verlangt. Wir wissen auch nur zu gut, daß die frühere landwirtschaftliche Haltung der Nutztiere für diese alles andere als ein Paradies war. Verseuchte, vor Dreck starrende Schweinebestände, Kühe mit eingewachsenen Ketten und Mistkratzer, die nach der Schlachtung während der parasitologischen Untersuchung sich auf ihren eigenen Würmern noch einmal zu bewegen begannen, liegen noch nicht sehr lange zurück; sie sind auch heute noch unter Haltungsformen anzutreffen, die unkritische Tierfreunde sich wünschen.

Es geht also bei einem zweifellos erreichten Mehr an Hygiene um ein noch zu erreichendes Mehr an artspezifischer Trieb- und Bewegungsfreiheit für die Tiere; es geht um ihre Möglichkeit, ein wenig zu leben, bevor sie sterben müssen. Ihre totale Befreiung und Rückführung in die Landschaft sehe ich nicht angesichts der stark zunehmenden Eiweißverknappung in einer Welt, deren menschliche Bevölkerung schier explodiert. Es gibt keine allseits befriedigende Lösung, es gibt nur eine das menschliche Gewissen besänftigende Milderung des Problems. Das wird manchen nicht befriedigen, insbesonders viele Tierfreunde nicht. Ich kann es nicht ändern, denn ich weiß es nicht

* Inzwischen kam es auf Drängen und Einladung des Verfassers in Stuttgart-Hohenheim zu einem Gespräch zwischen den in der Sache der Legebatterien hoffnungslos zerstrittenen wissenschaftlichen Züchtern und den Verhaltensforschern. Man einigte sich auf ein gemeinsames Forschungsprogramm, das wissenschaftlich objektiv die Streitfrage klären soll, ob eine derartige Hühnerhaltung noch im Einklang mit den ethischen Postulaten des neuen Tierschutzgesetzes steht. Der Verfasser bemüht sich derzeit, das Forschungsvorhaben durch das Haus Ertl in Bonn finanzieren zu lassen. Die *Stuttgarter Zeitung* berichtete über diese Bemühungen unter der Schlagzeile «Der Hühnerfriede von Hohenheim».

besser. Ich weiß nur dies: Wer sich daran macht, mit den Autogrammen von Peter Alexander und Anneliese Rothenberger am Kopf von Unterschriftslisten die Hühner aus den Käfigen zu befreien, der hat nicht begriffen, daß seine menschlich respektable Haltung durch die Unterhaltungsmedien nur zur Auflagensteigerung benutzt wird, denn eine zynische Journalistenweisheit sagt, daß Tiere und kleine Kinder als zugkräftige Themen immer gut seien. Den publizistischen Schrittmachern solcher Aktionen gerinnt auch die Bewegungsnot der Tiere noch zur Unterhaltung. Eine Linderung dieser Not kommt den Tieren allein von der moralisch engagierten Forschung, oder sie kommt ihnen gar nicht. Die Gesetze machende Politik wird kühl das Pendeln der Waage betrachten, die belastet ist einerseits mit solchem publizistischen Eintagsaktionen und andererseits mit den mächtigen Dauerinteressen der Wirtschaft. Wohin die Waage sich neigen und wofür die Politik sich dann entscheiden wird, ist für mich nicht zweifelhaft. Eier- und Fleischpreise sind in einer Zeit der Inflationshysterie eminent politische Preise. Der Einfluß der Tierhaltungsformen auf sie wird von vielen Tierfreunden nur zu leicht übersehen. Erst wenn die Wissenschaft in dieser Sache mit einer Stimme spricht und nicht, wie derzeit noch, mit zweien, hinter denen sich jede beliebige Art von Interessenpolitik machen läßt, wird der Gesetzgeber eindeutig reagieren.

Weil ich auf die Vernunft baue und weil ich glaube, daß sie nur in der freiheitlichen Luft von Forschung und Lehre noch Hoffnung auf humane Konkretisierungen hat, konnte ich diese große Ehrung reinen Gewissens und von Dank erfüllt annehmen. Sie ist ein Zeichen auch für Toleranz und Respekt, die man abweichenden, ja unbequemen Meinungen in der Wissenschaft noch immer entgegenbringt. Und ich bleibe ein Stachel in ihrem zuweilen bequemen Fleisch.

Wälder wurde durch die seit etwa hundert Jahren ständig zunehmenden Schalenwildbestände sehr erschwert.

Neben der Holzproduktion treten aber seit einigen Jahrzehnten immer stärker ökologische und soziale Aufgaben des Waldes in den Vordergrund. Die Lieferung des Rohstoffes Holz wird mit Sicherheit auch in Zukunft eine wichtige Funktion des Waldes auf dem größten Teil seiner Fläche bleiben; doch sind der Bodenschutz, die Regulierung des Wasserhaushalts und die Luftreinigung gleichrangige Forderungen, die an ihn gestellt werden müssen. Vor allem aber muß der Wald dem Anspruch der Bevölkerung gerecht werden, die ihn als wichtigen Erholungsraum braucht. Diese vielfältigen Aufgaben erfüllen am besten Wälder, die bei hohem Ertragsvermögen nach Baumarten- und Altersstruktur vielfältig zusammengesetzt und durch Anpassung an die Standortbedingungen krisenfest sind. Solche Wälder sind Landschaftsteile, die einer Vielfalt von heimischen Pflanzen- und Tierarten Lebensraum bieten können und müssen. Eine verantwortungsbewußte Forstwirtschaft hat daher die Aufgabe, den Wald durch Vielgestaltigkeit schöner, sicherer und funktionsgerechter zu machen und naturnah gebliebene Teile wie zum Beispiel die aus Fichte, Tanne und Buche zusammengesetzten Bergwälder Süddeutschlands oder die Buchenwälder der Mittelgebirge durch Ausnutzung ihrer natürlichen Entwicklungsdynamik zu erhalten. Die Forstwissenschaft hat die dazu nötigen Kenntnisse erarbeitet und vorgelegt. Jedoch werden alle diese Bestrebungen bisher durch die Schadwirkung der überhöhten Schalenwildbestände außerordentlich erschwert, vielfach sogar unmöglich gemacht.

5. Entwicklung der Wildbestände

Reh- und Rotwild waren zu Anfang des Mittelalters unter dem Recht des freien Tierfangs noch selten. Erst durch die Einrichtung und Ausdehnung königlicher Bannforste erfuhr dies örtlich eine Änderung. Schon in den Jahrhunderten der höfischen Jagd gab es berechtigte Klagen der Bauernschaft über Wildschäden vor allem auf den Feldern. Die ungezügelte Jagd als Folge der Revolution von 1848 führte für kurze Zeit zu einer drastischen Dezimierung des Wildes. Mit der Bindung des Jagdrechts an Grund und Boden und der Einführung des Reviersystems erholten sich die Wildbestände überraschend schnell. Diese Entwicklung wurde seit etwa 1870 durch die Fütterung des Rotwilds im Winter beschleunigt. Gegenwärtig lebt Rotwild auf etwa vierzehn Prozent der Landesfläche – das entspricht der Hälfte der Waldfläche in der Bundesrepublik. Es wird über mehrere Monate im Jahr durch Fütterung gehalten; gelegentlich werden sogar Parasiten und andere Krankheitserreger medikamentös bekämpft. Dieses aus der Haustierhaltung entlehnte Vorgehen wie auch der züchterische Einfluß auf die Trophäenhege gefährden seinen Wildtiercharakter.

Rehwild ist nahezu im ganzen Land verbreitet. Man findet es auch dort, wo der Wald nur geringen Flächenanteil hat. Wie beim Rotwild bleibt auch die unnatürliche Höhe der Rehwildbestände nicht ohne Folgen für den Wald. Die Mißstände treten besonders kraß zutage, wo die heutige Wald-Feld-Verteilung zwar günstige Lebensbedingungen in den Sommermonaten bietet, im Winter aber, bei geräumten Feldfluren, zu großen Konzentrationen in den Wäldern führt.

Die in den vergangenen Jahrzehnten und derzeit noch übliche Planung zur Bemessung der Abschußhöhe geht von falschen Grundlagen aus. Es ist erwiesen, daß die herkömmlichen Methoden der Wildzählung beim Rotwild und in noch viel größerem Umfang beim Rehwild die vorhandenen Bestände unterschätzen. Daraus resultieren zu niedrige Abschußquoten, die zudem, besonders bei weiblichen Tieren, oft nicht erfüllt werden. Der unzureichende Abschuß führte zu einer erheblichen Bestandserhöhung und verstärkten Konkurrenz der Tiere untereinander. So können die Ansprüche der einzelnen Tiere nicht mehr voll befriedigt werden. Sie kümmern und es treten vermehrt Verluste auf.

Zusammenfassend ist festzustellen, daß Rot- und Rehwild trotz oft ungünstiger Lebensräume, trotz Besiedlung, Bebauung und Straßenverkehr und einer intensiven Landnutzung in größerer Dichte vorkommt als je zuvor. Sie können nicht mehr als natürliche Glieder der Landschaft angesehen werden. Die gerühmten und waldreichen Jagdländer des europäischen Ostens und Südostens müssen auf dem größten Teil ihrer Fläche im Vergleich zu unserer Situation geradezu wildarm genannt werden.

6. Wirkungen des Wildes auf den heutigen Wald

Hohe Schalenwildbestände verhindern das Ankommen und die Entwicklung zahlreicher Baum-, Strauch- und Krautarten. Das führt zu einer unerwünschten Verringerung der Artenvielfalt. Für den Wald ist es besonders nachteilig, daß das einzelne Stück Wild immer mehr verholzte Nahrung aufnimmt, je höher die Wilddichte ist bzw. je knapper die weiche Äsung wird. Dadurch wird die Möglichkeit, Wälder natürlich zu verjüngen, stark eingeschränkt. Verschiedene Baumarten wie z. B. Ahorn, Esche, Kirsche, Tanne sind durch Wildverbiß besonders gefährdet. Der Aufbau von Mischwäldern durch natürliche Verjüngung und die Erhaltung wertvoller, standortangepaßter Baumrassen wird dadurch in Frage gestellt. Wo versucht wurde, Mischbestände – oft mit großem finanziellem Aufwand – künstlich zu begründen, mußten dieselben Erfahrungen gemacht werden.

Neben dem Einfluß auf die Baumartenzusammensetzung der künftigen Wälder verursachen hohe Wildbestände durch Verbiß auch Zuwachsverluste und Qualitätseinbußen an den verbleibenden jungen Bäumen. Die Waldbestände wachsen dadurch ungleichmäßig und lückig auf. In der Jugendphase werden höhere Pflegeaufwendungen und Nachbesserungen nötig. Langfristig sind Qualitätsminderungen und Verzögerungen der Bestandesreife die Folge. Zur Abwendung dieser Schäden werden oft ganze Flächen eingezäunt oder Einzelbäume mechanisch bzw. chemisch geschützt. Obwohl die Kosten dafür sehr hoch sind, ist doch die Wirksamkeit dieser Maßnahmen nur gering. Selbst Zäune werden immer wieder beschädigt, dadurch undicht und folglich unwirksam.

Sehr auffällige und wirtschaftlich schwerwiegende Schäden verursacht das Rotwild durch das Abschälen der Rinde in jungen Beständen. Besonders nachteilig sind die dadurch ausgelösten Wundfäuleschäden bei der Fichte. Sie verursachen Verluste, die nach vorsichtigen Schätzungen in der Budesrepublik jährlich 30 bis 50 Millionen DM ausmachen. Schälschäden bei Buche, Kiefer und Douglasie bewirken zwar seltener Stammfäule, aber in vielen Fällen derart erhebliche Qualitätsminderungen, daß die Erzeugung wertvoller und stärkerer Holzsortimente in Frage gestellt ist.

Verheerende Schäden, meist sogar Totalverluste, löst das Rotwild noch in mehreren Meter hohen, geschlossenen Jungbeständen von so empfindlichen Baumarten wie Ahorn und Esche aus. Es herrscht allgemein Übereinstimmung in der Einsicht, daß eine Nachzucht dieser Baumarten bei Vorkommen von Rotwild in heutiger Dichte ausgeschlossen ist. Ein wirksamer Schutz gegen Schälschäden ist wegen der langen Zeit der Gefährdung meist nicht möglich oder sehr teuer.

Zusammenfassend muß festgestellt werden: Es ist zu befürchten, daß das totale Abäsen einzelner Baum-, Strauch- oder Krautarten meist schon im Keimlingsstadium – das oft gar nicht bemerkt oder unterschätzt wird – langfristig zu einer Verarmung der Waldvegetation ganzer Landstriche führt. Das hat weitreichende ökologische Folgen, die von einer Beeinträchtigung der gesamten Tier- und Pflanzenwelt bis zu einer Minderung der Schutz- und Erholungsfunktion reichen. Im Alpenraum und einigen Mittelgebirgen wird dies schon jetzt deutlich, wo das Aufkommen der für die Mischwälder typischen Baumarten wie Tanne, Ahorn, Esche und z. T. auch Buche stark beeinträchtigt oder gar verhindert wird. Finanziell sind solche Veränderungen nur schwer zu erfassen; sie sind aber insgesamt gesehen gravierender als die augenfälligeren Folgen von Verbiß und Rindenschälen.

Es geht keineswegs darum, jegliche Einwirkungen des Schalenwildes auf die jungen Waldbestände zu unterbinden. Der Wald als der natürliche Lebensraum des Wildes vermag Schalenwildbestände zu ertragen, die seinen Entwicklungsprozessen angepaßt sind. Zur Zeit haben aber die durch Wild verursachten Belastungen ein solches Ausmaß angenommen, daß sie nicht mehr toleriert werden können.

7. Anforderungen an die künftige Jagd

Aus allen diesen Gründen müssen in der europäischen Kulturlandschaft die Schalenwildbestände der Erhaltung, Pflege und Belastbarkeit naturnaher Lebensräume untergeordnet werden. Naturnahe Lebensräume sind neben den wenigen ungestörten Seen und Mooren nur noch die Wälder, deren Funktionen für Landschaft und Gesellschaft zunehmend Gewicht bekommen. Die Jagdausübung hat in den vergangenen Jahrzehnten in der Hege von Schalenwildbeständen diesen übergeordneten Gesichtspunkten nicht Rechnung getragen, obwohl sie in der jagdlichen Gesetzgebung* verankert sind. Auch die

* Paragraph 1 Abs. 2 des Bundesjagdgesetzes lautet:
«Die Hege hat zum Ziel die Erhaltung eines den landschaftlichen Verhältnissen angepaßten artenreichen und gesunden Wildbestandes; sie muß so durchgeführt werden, daß Wildschäden in der Land- und Forstwirtschaft und in der Fischerei möglichst vermieden werden.»

Mahnungen vieler Forstleute und einsichtiger Jäger blieben unbeachtet.

Zur Pflege unserer naturnahen Landschaften gehört die Sorge um den Fortbestand aller einheimischen Tier- und Pflanzenarten durch die Erhaltung ihres Lebensraums und Sicherung ihres Verbreitungsareals. Dies gilt selbstverständlich auch für das Schalenwild. Damit ist aber nicht vereinbar die Haltung hoher Bestände einiger weniger Arten aus jagdlichen Beweggründen.

Wir fordern daher die Reduktion der Rot- und Rehwildbestände durch eine wesentliche Erhöhung der Abschüsse. Das ist nur möglich, wenn gleichzeitig die Abschußrichtlinien vereinfacht werden. Als wesentlicher Weiser für die Höhe der Wildbestände hat künftig der Zustand der Vegetation zu gelten. Es muß möglich sein, die wichtigsten an einem Standort heimischen Baumarten ohne Schwierigkeiten zu verjüngen. Die Jäger werden nur dann ihrer Verantwortung gegenüber Gesellschaft und Natur gerecht, wenn sie die Schalenwildbestände dieser Forderung anpassen.

Freiburg, Göttingen, München, Reinbek, im Juni 1974

Horst Stern

Bemerkungen über Pferde

Mit 126 meist mehrfarbigen Abbildungen

rororo sachbuch 6841

Bemerkungen über Hunde

Mit 92 meist mehrfarbigen Abbildungen

rororo sachbuch 6855

Bemerkungen über Bienen

Mit 73 meist mehrfarbigen Abbildungen

rororo sachbuch 6881

844/1